KB195942

사회복지사 마스터플랜

사회복지사 마스터플랜

초판1쇄발행 2024년 11월 15일

지은이	theD마스터플랜연구소(김학민)
발행인	조상현
마케팅	조정빈
편집인	김유진
디자인	김희진

펴낸곳	더디퍼런스
등록번호	제2018-000177호
주소	경기도 고양시 덕양구 큰골길 33-170
문의	02-712-7927
팩스	02-6974-1237
이메일	thedibooks@naver.com
홈페이지	www.thedifference.co.kr

ISBN 979-11-61255-18-7 03370

더스 | 더디 | 더디퍼런스 | 마이북

십대가 되고 싶은 직업 로드맵

사회복지사
마스터플랜

theD마스터플랜연구소 지음

더디퍼런스

행복을 지키는 전문가, 사회복지사

누구나 행복하게 살기를 꿈꾼다. 그러나 행복하게 살기가 만만치 않다. 하루아침에 직업을 잃을 수도 있고, 뜻하지 않은 사고를 당할 수도 있다. 성공을 그리며 부지런히 일만 했는데 갑자기 중병을 얻을 수도 있다. 가족끼리 불화가 생기거나 자녀가 비행을 저질러 행복이 깨지기도 한다. 행복이 깨졌을 때 스스로의 힘으로 이겨내고 일어서는 사람이 있다. 반대로 삶의 의욕을 잃고 털썩 주저앉는 사람도 있다.

사회복지사는 이처럼 어려움을 겪는 사람들에게 도움의 손길을 내미는 사람이다. 의욕을 되찾을 수 있도록, 자신의 장점을 되살릴 수 있도록, 다시 일어나 걸어갈 수 있도록 힘을 주는 직업이다. 하지만 사회복지사는 자선가나 대가 없이 일하는 자원봉사자는 아니다. 국가의 사회복지 제도가 만든 복지 자원을 전문적인 업무 지식과 기술을 동원해 돕는 전문가다.

《사회복지사 마스터플랜》은 사회복지사가 누구인지, 무엇을 하는 사람인지 똑똑히 알려준다. 그리고 왜 사회복지사가 우리 사회에 필요한지 실제 사례를 들어 설명한다. 사회복지사의 현실도 꾸밈없이 보여준다. 사회복지사를 꿈꾸는 청소년에게 바른 길잡이가 되기 위한 목적이다. 나아가 아직 꿈이 없는 청소년에게 사회복지사라는 직업을 소개해주기 위함이다.

이 책의 1장에서는 사회복지사에 대해 소개한다. 어떤 직업인지, 어떤 능력을 가진 사람인지 인기 있는 영화와 드라마를 활용하여 소개한다. 사회복지사 하면, 막연하게 좋은 일을 하는 사람으로 알고 있는 청소년에게 사회복지사의 정체성을 명료하게 전한다.

2장은 사회복지사가 되기까지 어떤 과정을 겪는지, 청소년이 장차 사회복지사가 되기 위해 무엇을 어떻게 준비해야 하는지 알려준다. 체계적으로 준비할 수 있도록 자격 제도, 교육 과정까지 꼼꼼하게 담아냈다.

3장은 우리나라 사회복지사들의 생생한 일상을 간접체

험할 수 있는 체험보고서다. 사회복지사들의 인터뷰도 수록해 체험의 효과를 높였다.

마지막 4장은 사회복지사의 미래 전망과 예비 사회복지사인 청소년들이 준비해야 할 사항을 기록한 지침서다. 사회복지사를 미래의 직업으로 결정하는 데 구체적으로 도움을 줄 것이다.

사회복지를 위해 일하는 사회복지사의 활동 무대는 우리 사회다. 어제도 그랬고, 오늘도 그렇고, 내일도 그럴 것이다. 우리 모두는 사회에서 행복을 바라며 살고, 사회복지사는 사회에서 행복을 바라는 사람을 위해 존재한다. 행복은 누구에게나 자연적으로 주어진 권리다. 하지만 그 권리를 혼자 힘으로 지키기는 어려운 것이 현실이다. 다리를 다치면 부축을 받아야 하고, 마음을 다치면 위로를 받아야 한다. 부축과 위로를 해줄 사람이 우리 사회에 필요하다.

물론 나 자신이 그 사람이 될 수도 있다. 하지만 지식, 기술, 능력이 부족하면 부축과 위로에 한계가 있기 마련이다. 예를 들어, 아동학대에 대한 예방법이나 대처법을 잘 모르거나, 자기 일에 바쁘다 보면 아동학대를 당한 아동을 제대로 도울 수 없다. 도움에도 지식, 기술, 능력을 갖춘 전문가가 필요하다. 그 전문가가 바로 사회복지사다.

《사회복지사 마스터플랜》을 읽고 그 꿈에 한 걸음 다가서 보자.

theD 마스터플랜연구소

차례

1장
사회복지사는
어떤 직업이지?

사회복지사는
누구인가?

사회복지란 무엇일까?

'사회'란 공동생활을 영위하는 모든 형태의 인간 집단을 뜻한다. 주요한 인간 집단 형태로는 가족, 마을, 조합, 교회, 계급, 회사, 정당, 국가 따위가 있다. '복지(福祉)'의 사전적 의미는 '행복한 삶'이다. 한편 국립국어원 표준국어사전에서는 '사회복지'를 다음과 같이 정의한다.

국민의 생활 향상과 사회 보장을 위한 사회 정책과 시설을 통틀어 이르는 말. 교육, 문화, 의료, 노동 따위 사회생활의 모든 분야에 관계하는 조직적인 개념으로 국민 기초생활 보장법, 아동복지법, 사회복지사업법 따위의 법률에 기초를 둔다.

다소 어렵지만 '행복한 삶'과 연결하면 이해하기 쉬워진다. 생활이 향상되고 사회 보장이 잘되는 사회에서 국민은 행복한 삶을 누릴 수 있다는 것이다. 곧 사회복지의 본질은 국민의 행복이다.

드라마 〈무인도의 디바〉는 중학교 여학생 서목하가 15년 만에 무인도에서 구조된 뒤 가수에 도전하는 내용이다. 중학생 서목하는 아버지와 단둘이 산다. 이른바 한부모가정의 자녀이다. 그런데 아버지의 폭력으로 행복한 성장기를 보내지 못한다. 식당을 운영하는 아버지는 가수가 되려는 딸의 꿈마저 앗으려 한다. 친구 정기호도 비슷한 처지다. 양부모 가정에서 살고 있고, 아버지의 폭력에 시달리고 있다. 아들이 영상에 관심을 두는 것도 못마땅해한다.

서목하와 성기호는 아동복지법에 따라 부모나 어른들로부터 보호받아야 할 대상이다. 우리나라에는 아동의 행복한 삶과 인권을 보장하는 아동복지법이 있다. 이 법에서는 18세 미만의 어린이와 청소년을 아동으로 규정한다. 중학교 3학년인 서목하와 정기호는 사회복지 시설로부터 상담, 부모와의 격리, 보호 등의 도움을 받을 수 있다. 두 사람이 사회복지의 대상이기 때문이다. '사회복지'란 서목하와 정기호처럼 행복한 삶과 인권을 보장받지 못하는 사람을 위해 존재한다.

사회복지사는 사회복지 전문가

사회복지사의 영문 표기는 'social worker'다. worker는 직업인이라는 뜻이다. 직업인은 해당 분야의 전문가다. 예를 들어, 수학 교사는 수학 실력이 탁월하고 가르치는 능력을 지닌 전문가이며, 외과 의사는 수술 능력을 가진 전문가이다.

사회복지 분야에도 전문성이 요구된다. 가령 서목하와 정기호처럼 아동학대를 당한 아이에게 복지 서비스(복지 자원이라고도 한다)를 제공하는 일을 아무에게나 맡길 수는 없다. 이를 잘 아는 전문가에게 맡겨야 한다. 그 사람이 바로 사회복지사다. 서목하와 정기호는 아동보호전문기관에서 일하는 사회복지사의 도움을 받게 될 것이다. 두 사람의 아버지들도 학대행위자로서, 사회복지사로부터 상담 및 심리치료 등의 복지 서비스를 받을 수 있다.

아동보호전문기관의 사회복지사는 학대피해아동 및 학대행위자를 위한 상담과 심리치료 서비스 제공, 학대현장조사 지원, 가정복귀 프로그램 진행, 복귀자 사후관리 등의 일을 한다. 아동학대 예방사업, 홍보사업, 국가에서 운영하는 아동학대시스템의 정보 관리, 아동학대 사례 관리 등도 주요 업무다. 이러한 업무들을 능숙하고 매끄럽게 해내려면 관련 사회복지사는 전문가가 되어야 한다. 이들에게 무엇보다 중요한 일은 학대피해아동을 온전히 관리하는 일이다. 이 일은 아동 심리와 행동 특성에 대해 잘 알아야만 가능하다. 우리나라의 사회복지사 사업법에서도 사회복지사를 아래와 같이 규정하고 있다.

사회복지에 관한 전문 지식과 기술을 가진 자

사회와 함께하는 사회복지사

의사는 '히포크라테스 선서'를, 간호사는 '나이팅게일 선서'를 한다. 선서는 맹세의 다른 이름이다. 의사가 히포크라테스 선서를, 간호사가 나이팅게일 선서를 하는 것은 의사로서, 간호사로서 본분을 다하겠다고 맹세한다는 의미이다.

사회복지사도 선서를 한다. "나는 모든 사람들이 인간다운 삶을 누릴 수 있도록, 인간존엄성과 사회정의의 신념을 바탕으로, 개인 · 가족 · 집단 · 조직 · 지역사회 · 전체사회와 함께한다"라고 국민 앞에 맹세한다. 이어지는 선서문에는 언제나 소외받고 고통받는 사람들의 인권을 지키고 개인이익보다 공공이익을 앞세우겠다는 내용이 담겨 있다. 사회복지사 선서문 전문은 한국사회복지사협회 홈페이지(https://www.welfare.net)에서 확인할 수 있다.

사회복지 서비스는 기본적으로 누군가를 돕는 일이다. 돕는 일은 함께하는 것에서부터 시작된다. 눈 감고 귀 닫고

외따로 지내면 남을 도울 일이 안 생긴다. 곁에 다가가 함께 지내야 누군가의 고충을 알게 되고, 어떤 복지 서비스가 필요한지 알게 된다. 함께하려는 마음은 사회복지사로서 중요한 자격 가운데 하나다.

사회복지사가
하는 일

사회적 약자 지키기

〈고백〉은 사회복지사의 이야기를 다룬 영화이다. 이 영화의 주인공 박오순은 '한누리 아동복지센터'의 사회복지사로, 한부모가정의 초등학생 자녀인 보라와 친하게 지낸다. 보라가 초경을 한 뒤 출혈이 두려워 학교에 며칠 결석하자, 박오순은 담임선생님과 소통하며 가정방문을 할 만큼 살뜰하게 챙긴다.

오순에게는 스스로에게 내준 숙제가 있다. 보라 아버지를 아동학대죄로 처벌하는 것이다. 아버지가 보라에게 폭력을 일삼는 것이 명백한데, 멍 자국 몇 개 외엔 뚜렷한 물증이 없어 경찰에 신고해도 소용이 없는 상황이다. 오순은 보라와 개인적으로 연락을 주고받으면서 보라를 관찰하고 보라의 아버지를 감시한다.

보라의 가정 같은 한부모가정, 조손가정, 소년소녀가장 가구는 양육비 지원, 교육비 지원, 심리상담 프로그램, 부모교육 프로그램, 복지 시설 및 지원 기관 이용 등의 복지 혜택을 받는다. 사회복지사는 다양한 복지 혜택을 복지 대상자들이 놓치지 않도록 안내하고, 효율적으로 누릴 수 있도록 돕는다. 즉, 자문가이자 연계자 역할을 하는 것이다. 나아가 사회복지사는 오순이 보라에게 하듯 대상자에게 끊임없는 관심을 보내며 마음의 상처를 보듬는다. 아동학대가 의심될 때 수사기관에 신고하는 것도 주저하지 않는다. 상담자와 지지자의 역할도 해내는 것이다.

그런데 사회복지사가 복지 대상자를 돕는 것은 단순히 도움을 주기 위함만이 아니다. 궁극적인 목적은 복지 대상자에게 자립할 수 있는 힘을 심어 주는 것이다. 복지 대상자가 자립하려면 스스로를 괴롭히는 문제를 해결해야만 한다. 이 문제 해결에 맞는 복지 서비스를 제공하고 곁을 지키며 힘을 주는 사람이 바로 사회복지사다.

복지 대상자를 위한 사례관리

오순이 보라에게 행한 행동은 기본적으로 사회복지사로서의 업무다. 그 업무를 사회복지사 세계에서는 '사례관리'

라고 표현한다. 사례관리란 한마디로 사회복지사가 복지 대상자를 관리하는 과정이다. 실무에서는 다음과 같이 업무를 세분화한다.

- **초기**: 사례관리에 알맞은 사례 발굴
- **사정**: 복지 대상자의 상태 분석
- **계획**: 사례관리의 목적을 이루기 위한 계획 세우기
- **실행**: 수립한 계획 실행 및 조정
- **평가 및 종결**: 사례관리의 전 과정을 판단 및 평가 후 종결

영화에서 오순이 어떻게 보라를 복지 대상자로 삼아 사례관리를 하게 되었는지는, 즉 '초기' 단계는 세세하게 나오지 않는다. 학교 담임교사가 오순의 아동복지센터와 연결해 주었을 수도 있고, 누군가가 신고했을 수도 있다. 영화의 개연성으로 볼 때 가능성은 낮지만 보라의 아버지가 제 발로 신청했을 가능성도 없지 않다. 또한 오순이 스스로 찾아냈을 가능성도 있다. 사회복지사는 복지 대상자를 직접 발굴하기도 한다.

보라의 상태를 분석('사정')한 오순은 보라를 관리하기 위한 '계획'을 세웠을 것이다. 그리고 계획대로 '실행'하다가 아동학대 신고까지 하게 됐을 것이다. 실제로 사회복지

사는 복지대상자를 사례관리하기 위해 사례관리 계획서, 사례관리 진행일지, 사례관리 종결 기록서를 작성한다. 영화 〈고백〉에서 오순은 '사례관리 종결 기록서'를 쓰지 않는다. 보라의 사례는 계속 진행되고 있기 때문이다. 아마도 오순은 '사례관리 진행일지'만 빽빽하게 썼을 것이다. 보라에게는 하루가 멀다 하고 사건사고가 터지기 때문이다.

독립영화 〈사례관리자〉도 있다. 〈사례관리자〉는 부산강서노인종합복지관 소속 사회복지사들이 연기를 직접 펼친, 일종의 홍보 영화다.

주인공 이대호는 재가복지 팀장으로, 주업무는 사례관리다. 영화에서는 이대호가 어느 어르신 집에 찾아가 음식을 전달하고, 건강 상태를 물어보고, 당뇨 노인을 위한 건강사례관리 프로그램을 설명하는 장면이 나온다. 이대호는 친절하게도 어르신에게 프로그램 시간에 맞춰 집으로 모시러 오겠다는 말도 꺼낸다. 몸이 아픈 노인을 위한, 집에서 받는 복지 서비스란 의미의 '재가복지' 업무를 충실히 수행하며 사례관리를 하고 있는 것이다.

이대호는 어르신이 건강을 완전히 회복하거나 경제적 문제가 해소, 또는 세상을 떠나면 '사례관리 종결 기록서'를 쓸 것이다.

이처럼 사회복지사가 복지 대상자를 사례관리하며 정보

화시킨 자료는 유용하게 쓰인다. 이들 자료는 정부가 복지 대책을 마련하는 데 바탕이 된다.

복지 프로그램 기획

〈사례관리자〉의 이대호는 어르신에게 당뇨 노인을 위한 건강사례관리 프로그램을 소개하며 참여를 권유한다. 아마도 이 프로그램은 이대호가 또는 그가 팀원들과 함께 기획했을 확률이 높다. 복지 프로그램을 기획하는 것은 사회복지사의 주요 업무이다. 이대호는 마을 어르신들을 관리하던 중 당뇨 환자가 많다는 것을 알게 되었거나, 최근 사회적으로 노인 당뇨 환자가 늘었다는 뉴스에 필요성을 느꼈으므로 해당 프로그램을 생각해냈을 것이다.

한편, 영화 〈고백〉에서 오순은 선배 사회복지사에게 말한다.

"우리도 자선모금 행사 같은 거 하면 어때요?"

이는 후원금 모금을 위한 행사 기획에 대한 의견을 내는 장면이다. 후원금 모금 행사는 복지 프로그램과는 상관없다고 생각할 수 있지만, 그렇지 않다. 후원금은 복지 기관 운영과 복지 서비스 개선 등에 쓰이므로 결국 복지 대상자에게 혜택이 돌아간다.

복지 프로그램 기획은 사회복지사에게 사례관리만큼이

나 핵심적인 업무다. 물론 어느 기관에 속하느냐에 따라 기획하는 프로그램의 성격은 달라진다. 장애인 복지 기관에서 일하는 사회복지사는 장애인의 재활과 자립을 위한 프로그램을 기획한다. 청소년 복지 기관 사회복지사는 청소년 문화 교실, 청소년 미술 치료 같은 프로그램을 고민한다. 다문화 관련 기관 사회복지사는 다문화 가정의 상태와 환경을 꼼꼼히 살피면서 한국 적응 상담 프로그램, 자녀 진로 상담 프로그램 등을 개발한다.

행정, 그리고 다양한 업무

선배 복지사는 막 출근한 오순에게 상반기 후원 금액 통계 정리를 다했냐고 묻는다. 오순은 그 말이 끝나자마자 보고서를 척 내민다. 선배는 그 모습에 내심 감탄한다. 사례 관리에만 몰두하는 듯한 오순이 행정 업무까지 척척 해내기 때문이다. 통계 정리, 회계, 시설 관리, 각종 보고서 작성 같은 행정 업무도 사회복지사의 일이다.

대규모 시설에서는 행정, 사례관리, 프로그램 진행 업무를 팀별로 분담하기도 하지만, 소규모 시설에서는 영역 구분 없이 여러 가지 업무를 맡기도 한다. 재가복지 팀장 이대호도 재가복지 일만 하지는 않는다. 시설 관리도 하고, 비행을 저질러 사회봉사명령을 받아 복지관에 봉사활동을 하기 위해 출석한 청소년을 지도하고 돌보는 일도 한다.

기관의 특성에 따라 사회복지사는 다양한 일을 한다. 2017년, 여러 언론에 소개되었던 사회복지사 류인하 씨도 그랬다. 류인하 사회복지사는 당시 중증장애인자립지원센터의 일꾼이었다. 그는 발달장애인 전상훈 씨와 함께 캐나다 토론토에서 열린 단축마라톤대회에 참가하여 나란히 완주까지 해내 세간의 눈길을 끌었다. 전상훈 씨는 남의 도움 없이는 일상생활도, 의사소통도 어려운 지적장애인이다. 그런데 센터 체육활동 프로그램 중 달리기에서 재능과 끈기를 보였다. 이를 눈여겨본 류 사회복지사는 전상훈 씨에게 마라톤 도전의 희망을 심어 주었다. 단지 희망만 심어 준 게 아니라 새벽마다 같이 뛰며 훈련하고 마라톤에 대한 정보를 알려주는 성의를 보였다. 매일 집과 훈련장까지 동행하는 열정도 보였다. 류 사회복지사가 스스로 한 일이었다.

이듬해 전상훈 씨는 서울국제마라톤 대회에 참가해 풀코스인 42.195킬로미터를 달렸다. 그때 역시 화제를 불러 모았다. 전상훈 씨가 주목받은 데에는 영화 〈말아톤〉이 어느 정도 영향을 미쳤다. 〈말아톤〉은 마라톤에 도전한 발달장애인의 실제 이야기이다. 영화가 아니더라도 전상훈 씨가 주목받아야 할 이유는 충분하다. 그는 자신의 문제를 이겨내고 스스로 일어선 인물이다. 류인하 사회복지사도 박수

받아 마땅하다. 그는 자신의 임무와 본분을 다한 사회복지
사다.

사회복지 정책 제안하기

2024년 4월 10일은 제22대 국회의원 선거일이었다. 선
거를 두 달여 앞두고 각계 시민사회 및 단체들이 각종 정
책을 제시했다. 국회의원들이 정책 시행을 위해 입법을 해
주기를 원하는 바람을 담은 행위였다. 사회복지사들도 머
리를 맞대 짜낸 정책을 제안했다. 보건복지부 산하 한국
사회복지협의회에서 운영하는 인터넷 신문 〈복지타임즈〉
2024년 2월 28일 자 기사 "사회복지계 4.10 총선 정책 제
안한다"를 간추려 소개하면 아래와 같다.

한국사회복지협의회를 비롯한 여러 단체들은 전체 회의를 통해
개발한 분야별 정책을 공식 제안했다. 먼저 아동복지 분야에서는
청소년방과후아카데미●, 지역아동센터, 늘봄학교 등으로 각각 운
영되는 아동 돌봄 체계를 통합하고 서로 연계할 방안이 필요하다

● 방과후 돌봄이 필요한 청소년에게 체험활동, 학습지원, 상담 등 종합서비스 제공
을 통해 건전한 성장을 지원하는 사업

는 의견을 냈다. 이는 저출생 고령화로 18세 미만 아동 인구가 감소함에 따라 나온 대책이다.

노인복지 분야 사회복지사들은 정부가 건물과 토지를 소유하지 않아도 노인요양시설을 운영할 수 있도록 허용한 결정을 철회할 것을 요구했다. 대기업과 같은 운영 주체가 건물과 토지를 소유하지 않고 임차한 상태에서 운영하다 손해가 날 경우 조기 폐업하기도 한다. 이때 돌봄 공백이 발생하고 그 피해가 입소 노인에게 고스란히 돌아간다. 사회복지사들은 이런 비극을 막아야 한다고 주장했다.

정신보건 분야 사회복지사들은 정신재활시설의 50.4%가 수도권에 집중되어 있는 현실을 지적하며 정신재활시설이 지자체에 고루 분포할 필요가 있다고 역설했다. 이들은 우리나라 남성 32.7%, 여성 22.9%가 평생 정신질환을 안고 사는 현실을 추가 근거로 댔다.

지역사회 분야에서는 지역사회를 위한 정책과 사회복지사를 위한 정책이 나란히 나왔다. 지역사회를 위해서는 취업 취약계층을 위한 자활 급여를 중위 소득 60%까지 확대해 지급하자는 정책을 제시했다. 보다 많은 이들에게 혜택을 주기 위해 고안한 정책이었다. 사회복지사를 위해서는 사회복지종사자 연수원 설립, 장기 근속휴가제 도입, 적정 보수 책정을 통한 안정적 인력공급 체계를 마련할 것을 주문했다. 사회복지사의 처우를 개선해 일자리에 안정을 더하려는 정책이다.

　이처럼 사회복지사는 복지 정책을 제안하는 일도 한다. 그들은 현장에서 일하는 사람들이므로 현장의 사정을 누구보다 잘 안다. 현장의 사정이 반영되지 않은 정책은 공허한 목소리가 되기 쉽다. 한국사회복지협의회는 이들 정책을 각 정당에 전달했다고 한다. 얼마나 실현될지, 그것은 국회 의원들의 손에 달렸다.

사회복지사의
직업적 성격

나누려는 마음가짐

미혼모 복지시설에서 일하는 사회복지사 오정애(가명) 씨에게는 사명이 한 가지 있다. 미혼모들, 특히 십 대 엄마들이 주변 시선에 아랑곳없이 마음 놓고 아기를 키울 수 있도록 돕는 것이라고 한다. 오정애 씨가 일하는 시설에서는 입소자들이 자립할 수 있도록 직업 교육을 실시하며, 육아의 행복을 느낄 수 있도록 정성으로 육아를 돕는다. 마음의 안정을 찾을 수 있도록 상담도 진행한다.

여성에게 엄마가 된다는 것은 설레기도 하지만 두려운 일이기도 하다. 그런데 아빠 없이 혼자서 엄마가 되어야 할, 더구나 미성년 엄마가 되는 상황이라면 설렘보다는 두려움이 더 클지 모른다. 그리고 누군가의 도움이 절실할 것이다. 오정애 씨와 같은 사회복지사들은 그러한 이들에게 도움의 손길을 내미는 사람들이다. 그들은 함께 아기를 돌봐주며 두려움을 지워주고 자립심을 심어준다.

사회복지사에게 도움은 기본이다. 어떤 분야의 복지 시설에서 일하느냐에 따라 그 형태만 다를 뿐이다. 도움은 나눔이다. 나의 시간, 재능, 에너지, 마음을 남에게 나누어 주는 행위다. 나누려는 마음가짐이 없다면 도움을 주기 어렵다.

공부하고, 발로 뛰고, 입장 바꿔 생각하고

사회복지사 업무의 핵심은 사례관리다. 사례관리는 사회복지사가 복지 대상자와 복지 자원(복지 서비스)을 연결해 주는 일이다. 복지 자원은 크게 공공 자원과 민간 자원으로 나뉜다. 공공 자원은 정부가 세금을 바탕으로 지원하는 자원이다. 보육비 지원, 의료비 지원, 노인 돌봄, 기초생활보장● 등이 대표적이다. 민간 자원은 기업, 민간단체, 개인 등이 정부 체제를 거치지 않고 후원, 기부, 프로그램 등을 통해 제공하는 자원이다.

●　저소득층에게 생계·주거·의료·교육·해산·자활 급여를 지급해 최저생활을 보장하고 자립을 지원하는 제도. 여기서 해산 급여란 분만 전후로 보호 필요하거나 조산을 한 수급자에게 지급하는 급여다.

사례관리를 하는 사회복지사는 복지 자원의 장단점에 대해 환히 꿰고 있어야 한다. 복지 대상자가 복지 자원을 효율적으로 누릴 수 있는 기술도 익혀야 한다. 그래야만 복지 대상자에게 꼭 필요한 복지 자원을 중개해 줄 수 있기 때문이다. 복지 자원은 복지 대상자에게 자립의 원동력이 되므로 사회복지사의 역할이 무척 중요하다. 역할 수행을 위해 사회복지사는 부지런히 공부해야 한다. 사회복지사의 공부는 정부 정책을 정확히 이해하고, 복지 자원들을 서로 비교하고, 복지 대상자의 상황을 틈틈이 관찰하는 일이다.

　사회복지사들은 복지 대상자와 입장을 바꿔서 생각해 본다.

　'내가 복지 대상자라면 지금 어떤 복지 서비스가 필요할까?'

　이런 생각을 출발점으로 삼으면, 복지 대상자에게 알맞은 복지 자원을 중개해 주는 일이 보다 수월해진다. 복지 대상자의 입장을 세세히 헤아리려면 긴밀하고 친밀한 관계를 유지해야만 가능하다. 틈틈이 살피고, 만나고, 대화해야 한다. 그런데 살피고, 만나고, 대화하는 일은 통신만으로는 불가능하다. 직접 찾아가야 한다. 즉, 발로 뛰어야 한다.

　발로 뛰는 일은 복지사각지대를 줄이는 데도 크게 이바지한다. 복지사각지대란 말은 두 가지 의미로 쓰인다. 첫

째, 기초생활수급자보다 형편이 조금 나아서 상대적으로 복지 혜택을 받지 못하는 차상위계층●의 상황을 비유하는 말이다. 둘째, 법적 제도의 미비, 주변의 무관심, 본인의 무지 등으로 복지 혜택을 받지 못하는 복지 대상자를 가리키는 말이다. 사회복지사가 발로 뛰는 일과 더 관계가 깊은 의미는 후자라 볼 수 있다.

형편이 어려운 사람 중에는 몸이 불편해서, 복지 자원에 대해 몰라서, 하루하루 먹고살기 힘들어서 복지 자원과 연결되지 못하는 사람이 적지 않다. 복지 자원은 복지 제도에 따라 공식적으로 제공되는 혜택이므로 신청이라는 절차 없이 가만히 있으면 제공받지 못한다. 즉, 복지사각지대에서 벗어나지 못한다. 이런 비극을 줄이기 위해 사회복지사는 부지런히 활동한다. 실제로 사회복지사 중에는 신발이 자주 떨어지는 사람이 있다고 한다. 해진 신발은 그만큼 발로 뛰었다는 증거이자 열심히 일했다는 흔적이다.

● 　기초생활수급자 바로 위의 계층으로, 기초생활보장 같은 복지 혜택 대상에서 제외된다.

업무 능력에 책임감을 더하다

서울의 한 종합사회복지관에서 일하는 한 사회복지사는 육십 대 알코올중독자의 사례관리를 한 적이 있다. 그는 복지 대상자가 신세 한탄을 하는 것에 귀 기울여 주고, 격려해 주고, 의료 지원도 받을 수 있게 도와주었다. 알코올중독자들이 모여 서로 상처와 경험을 공유하는 복지관 프로그램에도 참여할 수 있게 이끌어 주었다. 지속적으로 관계를 유지하며 상황도 점검했다. 사회복지사로서 할 수 있는 일, 해야 할 일을 충실히 한 것이다.

그런데 그 복지 대상자에게서 변화가 찾아왔다. 안타깝게도 부정적인 변화였다. 그는 복지관 프로그램에 참여하는 횟수가 뜸해지고, 말수도 줄어들었다. 연락도 잘 받지 않았고, 연락이 닿아도 예전만큼 반기지 않았다. 사회복지사는 맥이 빠졌다. 나름 최선을 다했다고 자부했는데, 그 성과가 반대로 나오는 것 같아 답답했다.

사회복지사는 자신의 에너지를 다른 복지 대상자에게 더 쏟는 것이 낫지 않을까도 고민했다. 그때 종교가 그의 마음을 움직였다. 천주교 신자인 그에게 천주교의 주요 가르침인 '사랑'이 떠오른 것이다. 사회복지사는 복지 대상자를 사랑하는 마음이 부족했던 스스로를 깨달았다. 그러자 책임감이 가슴 깊은 곳에서 우러나왔다. 사회복지사는 책임감으로 무장하고 다시 복지 대상자에게 열정을 쏟았다. 더 자주 연락하고, 더 가까이 다가가고, 지난날 복지 대상자가 잘했던 점을 상기시키며 장점과 강점을 회복시키려 노력했다.

그러자 다시 변화가 찾아왔다. 이번엔 긍정적인 변화였다. 복지 대상자가 술을 줄이기로 결심한 것이다. 끊기를 다짐한 것은 아니지만 줄이기로 마음먹은 것도 커다란 변화였다. 변화는 또 있었다. 복지 대상자가 일자리를 찾아보겠다며 약속한 것이다. 사회복지사의 책임감이 쓰러졌던 사람을 다시 일어서게 만든 것이다.

정직하고 진실하게

복지 시설의 사회복지사들에 따르면, 복지 대상자는 정말 인생이 바닥까지 곤두박질쳤을 때 자신들을 만나는 경우가 많다고 한다. 대개 가족, 친지, 이웃의 소개로, 또는 주민센터 사회복지전담 공무원의 의뢰로 복지 시설의 사회복지사와 연을 맺는다고 한다. 물론 사회복지사가 발로 뛰어 발굴하는 경우도 있다. 스스로 찾아오는 경우는 드문데, 그만큼 무기력해지고 의욕을 잃은 상태이기 때문이다.

사회복지사는 복지 대상자를 진솔한 마음가짐으로 대하는 게 우선이다. 진심으로 관심이 있다는 태도로 경청하고,

도울 마음과 준비가 되어 있음을 가식 없는 언어로 표현하는 것이 중요하다. 그래야만 복지 대상자가 사회복지사에게 다가온다. 복지 대상자의 장단점, 강점 등을 꾸밈없이 짚어 주고, 희망을 심어 주되 허황한 꿈을 품지 않도록 겉치레를 빼고 대해야 한다. 그래야만 복지 대상자는 사회복지사에게 마음을 연다.

　사회복지사는 복지 대상자의 가족을 대면할 때도 많다. 이는 정직을 앞세워야 하는 또 다른 이유다. 정직하지 않은 모습에 가족의 불신을 사게 되면 사례관리의 성공률은 낮아진다. 가족은 복지 대상자는 물론이고, 사회복지사의 든든한 조력자가 될 수 있다. 조력자가 사회복지사를 믿으면 사례관리가 한결 수월해지고, 성공률도 높아진다.

사회복지사에게
필요한 능력

소통과 공감하는 능력

사회복지사는 복지 대상자와 친밀감을 쌓는 것이 중요하다. 복지 서비스는 결국 복지 대상자의 입과 마음이 열려야만 제공된다. 입을 꾹 닫고 거부하면, 방법이 없다. 달리 말해 알맞은 복지 서비스가 효율적으로 제공되려면 사회복지사가 복지 대상자의 마음을 열어야 한다. 그래서 소통과 공감이 필요하다. 이 두 가지가 중요한 열쇠이다.

소통과 공감은 경청에서 시작된다. 복지 대상자는 대체로 상처와 아픔을 지니고 있다. 따라서 그들의 이야기는 하소연이나 신세 한탄이 될 가능성이 높다. 이야기가 무거워지기 십상이다. 사실 긍정적인 이야기도 오래 들으면 지치는 법인데, 부정적인 이야기를 쭉 듣는다는 건 쉬운 일이 아니다. 쉽지 않기에 어느 정도 기술이 필요하다. 우선 상대방의 말을 끊지 않아야 한다. 말을 끊으면 말하는 사람은 마음이 불편해진다.

들는 도중 간간이 질문을 던지는 것이 좋다. 질문은 듣는 사람이 당신의 이야기에 집중하고 있다는 것을 말하는 사람에게 전달하는 효과가 있다. 또한 말하는 사람이 더욱 정확하게 속내를 표현할 수 있게 도와주기도 한다. 질문을 듣고 다시 한 번 생각을 정리해서 말하게 되기 때문이다.

가벼운 맞장구는 말하는 사람의 흥을 돋워 준다. 공감하고 있다는 안심을 심어 줄 수도 있다. 표정 관리도 신경 써야 한다. 지친 표정, 무뚝뚝한 표정은 절대 금물이다. 가식을 섞는 것은 바람직하지 않지만, 귀 기울이고 있고 관심이 있다는 것을 표정으로 드러낼 필요는 있다.

눈맞춤도 무척 중요하다. 시종일관 똑바로 쳐다보는 것은 상대방에 부담을 줄 수 있지만, 자주 눈을 피하는 것 역시 무관심하다는 인상을 줄 수 있기에 조심해야 한다. 복지 대상자가 눈을 내리뜰 때 함께 눈길을 내리는 등의 요령이 필요하다.

복지 대상자에게 말할 때는 태도를 잘 갖춰야 한다. 진솔함, 겸손, 문제 해결의 의지 등이 말하는 태도에서 우러나면 좋은 관계로 발전할 가능성이 커진다. 표정은 부드럽게,

몸짓은 간결하게 하는 것이 좋다. 부드러운 표정은 복지 대상자의 마음을 편안하게 해주고, 간결한 몸짓은 이해를 돕고 집중력을 높인다. 또한 적절한 눈맞춤 역시 전달 효과를 높일 수 있기에 간과해서는 안 된다.

설득하는 능력

설득은 다른 사람의 마음이나 행동을 변화시키기 위한 노력이다. 복지 대상자의 마음을 돌려 복지 서비스와 연계하는 일을 하는 사회복지사에게는 매우 중요한 능력이다. 설득의 시작은 말할 때의 태도이며, 이의 중요성은 앞서 서술했다.

기술적인 면에서 접근한다면, 먼저 감정 통제를 꼽을 수 있다. 자신의 감정에 휩싸이면 속된 말로 '오버'하기 십상이다. 말은 빨라지거나 느려지고, 목소리는 높아지거나 낮아진다. 단어 선택도 부적절해지기 쉽다. 이렇게 되면 전달력이 떨어지고 설득력은 동반 하락한다. 복지 대상자가 시큰둥한 반응을 보일 때, 반대로 지나치게 격한 반응을 보일 때 사회복지사는 감정이 흐트러지기 쉽다.

발음은 정확하게, 말의 속도는 적절하게, 단어는 쉽고 명확한 것을 선택한다. 또한 복지 대상자에게 잘해 주고 싶은 마음이 앞서서 많은 정보를 장황하게 늘어놓는 것은 오히려 이해력을 떨어뜨린다. 정보는 꼭 필요한 부분만 간결하게 전달하는 게 좋다. 복지 대상자의 관심이 갈수록 커지도록 차차 정보의 양과 질을 더해가는 것이 설득의 기술이다. 이야기하는 도중 간간이 짧은 질문을 던지면서 피드백을 요구하는 것도 쏠쏠한 기술이다. 이 기술은 듣는 사람의 이해도와 몰입도를 높인다.

자기소개는 설득에 꼭 필요한 요소다. 친근감은 그 사람에 대해서 잘 알 때 더 잘 생겨난다. 자기소개는 친근감을, 친근감은 설득력을 배가시킨다. 취업을 위한 면접 자리에서처럼 멋들어지게 자기소개를 하라는 말은 결코 아니다. 복지 대상자가 자신이 소심하다고 하면, 본인도 소심하다고 말하면 된다. 소심해서 아쉬웠던 삶의 경험을 들려주고, 함께 소심함을 이겨내자고 다독이면 된다. 그렇다고 일부러 거짓말을 지어내는 것은 금물이다.

때때로 글을 활용하는 것도 좋은 방법이다. 포인트 장식이 전체적인 옷차림을 돋보이게 하듯, 설득에서 글이 그런 역할을 한다. 장문의 편지를 쓸 필요는 없다. 한 장의 편지, 짧은 메모도 충분하다. 내용은 자유다. 논쟁거리나 불쾌감을 던져주는 내용만 아니면 된다. 만남에 대한 소감, 가벼운 다독임 등을 담으면 된다.

디딤돌을 놓는 문제 해결 능력

사회복지사 박종국 씨는 《사회복지사가 말하는 사회복지사》(부키, 2013)의 공동 저자다. 그는 소년원●에서 사회복지사로 일한 경험을 〈터프한 아이들과 원더풀 티처〉란 제목의 글로 풀어놓았다. 소년원의 사회복지사는 학생의 인성교육, 상담 등을 맡는다. 그런데 이들에게 더 중요한 업무는 학생이 소년원을 나간 뒤 바르게 살고 잘 지낼 수 있도록 돕는 일이다. 이를 위해 멘토링 사업 운영, 지역사회 기관과의 연계, 사후 지도도 열심히 한다.

박종국 씨를 비롯해 소년원의 많은 사회복지사는 멘토링 사업을 특히 중요하게 여긴다. 소년원에 들어오는 학생들은 대체로 가정환경이 열악하다. 조손가정, 소년소녀 가장 가정, 가정폭력에 노출된 가정에서 성장한 경우가 많다. 소년원에서 변화가 되어 나간 학생이 바깥 환경에 덜컥 놓였을 때 다시 비행을 저지르는 경우가 잦다. 이것은 사회복지사 입장에서 무척 안타까운 일이며, 또한 꼭 풀어야 할 문제이다.

●　가정 법원 소년부나 지방 법원 소년부에서 보호 처분을 받은 소년을 수용하여 교정 교육을 하는 시설

멘토링 사업은 소년원 학생과 믿음직한 어른을 결연 맺어 주는 일이다. 멘토로 나선 어른은 멘티인 학생이 소년원을 나와서도 잘 지낼 수 있도록 꾸준히 길잡이를 해준다. 가정의 어른 역할을 하면서 든든한 디딤돌이 되어 주는 것이다.

　어느 날 박종국 씨에게 문제가 생겼다. 소년원에 들어온 십 대 후반 학생이 "저는 누구에게도 소중한 사람이 아니에요"라는 말을 하며 어깨를 늘어뜨린 것이다. 학생은 부모님이 모두 자살해서 할머니 손에 자랐다. 용돈이 궁할 수밖에 없었고, 외롭기까지 했다. 자신의 처지에 불만을 품은 학생은 결국 비행을 저지르고 말았다.

　박종국 씨는 이 문제를 어떻게 해결할까 고민했다. 고민 끝에 부모의 사랑을 받지 못한 그 학생에게 아버지와 같은 멘토를 만나게 해주자는 결정을 내렸다. 다행히 박종국 씨가 찾은 멘토는 소년원 사회복지사의 진심을 알아주었다. 진짜 아버지처럼 멘티 학생을 대한 것이다. 그러자 학생에게서 변화가 나타났다. 얼굴이 밝아지고 말수가 늘어난 것이다. 멘토는 '아버지로서' 학생의 장래를 책임지겠다는 약속까지 했고, 멘토의 헌신과 사랑에 감동한 학생은 완전히 딴사람이 되었다. 소년원을 나간 뒤 대학까지 진학하며 착실하게 살게 되었다.

　박종국 씨가 다른 소년원에서 일하기로 결정되었을 때

그 학생이 편지를 보냈다. 편지에는 이렇게 적혀 있었다.

"선생님은 나에게 wonderful teacher예요."

사회복지사는 복지 대상자의 문제를 함께 해결해 주는 사람이다. 문제와 맞닥뜨렸을 때 해결하는 능력은 저마다 다르다. 문제 해결 능력이란 효과적인 해결 방식을 찾는 능력이다. 그것은 문제를 대하는 마음가짐과 해결하려는 의지에서 태어난다. 박종국 씨가 이를 몸소 보여 주었다.

따지고 보면 멘토링 사업 자체도 문제 해결을 위한 고민에서 만들어진 것이다. 소년원 학생들의 퇴원(소년원을 나가는 것을 뜻하는 용어) 이후의 삶은 우리나라 소년원과 그곳 사회복지사들의 공통적인 문제였다. 이들은 그 어려운 문제를 해결하는 능력을 보여 주었다.

자기를 돌보고 관리하는 능력

사회복지사에게 복지 대상자를 돌보는 일이 중요하다는 것은 두말하면 잔소리다. 그런데 자기 자신을 돌보는 일도 중요하다. 자기 돌봄과 관리가 엉망이면 남에게 마음 쓸 여력이 없다. 사회복지사의 몸과 마음이 지치면 복지 대상자에게 연락하는 횟수도, 마땅한 복지 자원을 찾는 노력도 줄어들 위험이 있다. 따라서 사회복지사는 몸과 마음이 늘 건강하도록 관리하고 애써야 한다.

그러나 일을 하다 보면 몸과 마음이 아플 때가 종종 생긴다. 다른 직업도 마찬가지겠지만, 사회복지사도 이를 피하기가 쉽지 않다.

박종국 사회복지사도 그랬다. 그는 소년원 여학생에게 반말과 쌍욕을 들었을 때 자신이 선택한 길을 후회했다고 한다. 책에 쓴 표현에 따르면, 일주일 동안 '멘붕' 상태로 지냈다. 또한 소년원에서 긍정적인 변화를 보였던 학생이 밖에 나가 멘토를 배신하고 연락도 없이 사라졌을 때 한동안 충격에서 헤어나지 못했다고 고백했다.

한편 지체장애인이나 지적장애인을 돌보는 사회복지사들은 편견 어린 시선에 상처받는 경우가 잦다. 야외 활동을 하거나 대중교통을 이용할 때 그런 시선을 오롯이 받는다. 어딘가 모자란 사람으로 보는 시선도 불편하지만, 지나치게 가엾게 보는 시선도 마음을 쓰리게 만든다. 어쩌다 장애인의 범죄가 사회를 떠들썩하게 하면, 그들을 두려워하거나 경멸하는 사람들의 눈길도 보인다.

자기 상처와 마주하는 일도 사회복지사의 몸과 마음을 갉아먹는다. 가령 사회복지사가 과거에 학대를 겪었다면 학대 피해자인 복지 대상자를 보며 상처가 되살아나 고통을 받을 수 있다. 영화 〈고백〉의 오순이가 그런 경우였다. 오순은 어린 시절 아동학대를 당했고, 보라를 사례관리를 하는 내내 과거의 기억이 생각나 괴로움을 겪는다.

사회복지사들은 이런 아픔들을 사명감으로 이겨내고 있다. 실제로 박종국 사회복지사는 학생들에게 더 관심과 애정을 쏟으며 상처를 치유했다. 장애인 관련 사회복지사들은 따가운 눈총 아래에서 사회적 편견을 지우기 위해 자신이 해야 할 역할을 한다고 한다. 오순은 보람에게 자신과 똑같은 상처를 주고 싶지 않아 엄마처럼 따스하게 보라를 대했다.

변화에 대처하는 힘

2022년 통계청의 인구총조사에 따르면, 우리나라 1인 가구 수는 총 750만 2,350가구라고 한다. 비율로 따지면 34.5%에 이른다. 사실상 3분의 1이 1인 가구라는 뜻이다. 1인 가구란 한 사람이 홀로 생계를 이끌어 가는 생활 단위를 의미한다.

1인 가구는 갈수록 느는 추세다. 지난날엔 주로 노년층이 1인 가구를 이루었는데, 이제는 청년층과 중장년층, 미성년층까지 모든 연령대로 확산하였다. 그러면서 예전에 없던 문제들이 생겨나고 있다. 단적인 예로, 노인에게 국한

되었던 고독사가 모두의 문제가 되었다. 경제적 어려움, 안전, 외로움과 고립으로 인한 낮은 사회 참여도 등의 문제도 점점 두드러지고 있다. 실제로 코로나가 한창일 때 미성년 1인 가구의 구성원이 굶주림에 못 이겨 극단적 선택을 시도했다. 다행히 그는 생명을 지킬 수 있었다. 평소 그를 돌보던 사회복지사의 때맞춘 조치 덕분이었다.

1인 가구 증가는 과거에 없던 사회 현상이다. 동시에 현대사회에 새롭게 등장한 복지 현장이다. 사회복지사는 변화하는 복지 현장에 재빠르게 대처해야 한다. 앞으로의 변화를 예측하고 사회복지사의 역할을 고민해야 한다. 가만히 앉아서 기존의 복지 자원을 연계하는 일만 되풀이하면 안 된다. 그것은 사회복지사의 수준을, 나아가 우리 사회복지 서비스의 질을 떨어뜨리는 일이다.

앞서 '사회복지 정책 제안하기'에서 언급한 사회복지사들의 정책을 제안하는 행위도 변화에 대처하려는 노력이다. 저출생 고령화가 현대사회 문제로, 동시에 미래를 위한 숙제로 떠오르자 사회복지사들이 움직인 것이다.

사회복지와 관련된 법률

사회복지법이란 사회복지와 관련된 여러 가지 법을 통틀어 이르는 말이다. 국가는 국민과 사회적 약자의 생존권을 보장하기 위해 사회복지 제도를 법으로 구현했다. 사회복지사는 제도에 맞춰 복지 대상자를 돕는 사람이므로 사회복지법에 대해 잘 알아야 한다. 사회복지와 관련된 법을 몇 가지 알아보자.

사회복지사업법

사회복지사업법은 1970년 1월에 처음 만들어졌다. 사회복지 사업에 관한 기본적 사항을 규정하고 있는 사회복지사업법은 사회복지를 필요로 하는 사람이 인간다운 삶을 누릴 수 있도록 도와주는 법이다. 복지 서비스의 대상, 복지 서비스 제공 방법 등에 대한 기준을 제공한다.

사회복지사업법의 범주에는 복지 대상자를 위한 각종 복지 사업뿐만 아니라, 복지 시설의 설립과 운영에 관한 사항도 포함된다. 복지 시설을 법으로 통제하는 것은 복지 대상자의 안전과 권익을 보호하기 위해서다. 또한 사회복지사의 자격과 업무에 관한 사항도 사회복지사업법에 통제를 받는다. 이는 사회복지사의 전문성을 높이기 위한 목적이다. 사회복지사 자격증을 부여하는 것도 사회복지사업법에 따른 것이다.

이러한 성격을 띤 사회복지사업법은 복지 대상자에게 안전망과 같다. 그리고 이 안전망이 튼튼해지는 일이 일어났다. 2023년 12월에 국회에서 사회복지사업법 개정안이 통과된 것이다.

개정안의 내용은 "전국 시군구 단위에 사회복지협의회 설립이 의무화"된 것이다. 한국사회복지협의회에 따르면, 현재 228개 지자체 중 166개 시군구 지역에 사회복지협의회가 설립되어 있다고 한다. 그런데 개정안이 통과되면서 남은 62개 시군구에도 사회복지협의회가 설립된다고 한다. 사회복지협의회가 늘어나면 지역사회에서 발생하는 복

지사각지대의 문제를 해소하는 데 도움이 된다고 한다.●

국민기초생활보장법

국민기초생활보장법은 국가와 지방자치단체의 책임으로 생활유지 능력이 없는 국민의 최저 생활을 보장하고 자활을 유도하는 법이다. 앞서 설명한 기초생활보장 제도는 바로 이 법에 따른 제도이다. 수급자는 생계 급여 등 다양한 급여를 받아 자립의 기초를 세울 수 있다.

국민기초생활보장법은 근로 능력이 있는 사람에게 고용안정센터를 통해 직업훈련 · 취업알선 · 창업지원 같은 고용서비스를 보장해 준다. 또한 취업이 어려운 사람에게는 자활공동체사업이나 자활공공근로사업 등의 서비스를 제공해 자활 능력을 키울 수 있도록 돕는다.

국민기초생활보장법의 모태는 1961년에 제정된 '생활보호법'이다. 하지만 생활보호법은 혜택 대상자 선정이 엄격했으며, 최저생활을 보장하는 급여도 지급하지 못했다. 한마디로 국민의 기초생활을 보장하기에는 불완전한 법이었다. 이후 1997년 우리나라는 외환위기를 겪게 되었고, 이

● 이데일리, <'사회복지사업법' 개정안 국회 통과>, 2023년 12월 11일 기사 참고

를 계기로 국가가 기본적으로 모든 국민의 기초생활을 보장해야 한다는 목소리가 나왔다. 그 목소리를 배경으로 생활보호법에 대폭 손질이 가해졌다. 그리고 2000년 10월 1일부터 국민기초생활보장법이 시행되었다.

국민기초생활보장법의 제정 취지에 맞는 국가의 행동 사례가 한 가지 있다. 그 사례는 2023년 8월 31일, 연합뉴스를 비롯한 몇 군데 언론에 소개되었다. 이재정 국회의원이 국민기초생활보장법의 개정안을 발의한 것이다. 개정안 내용은 "해외봉사단 파견 및 글로벌 인재양성 사업 등 대통령령으로 정하는 해외봉사단 또는 해외 인턴십 사업에 참여한 기간은 외국 체류 기간으로 보지 않도록 하는" 것이다.

이재정 의원이 이 개정안을 발의한 이유는 한국국제협력단(코이카) 해외봉사 단원으로 60일 이상 외국에 머무는 경우 그동안 받던 기초생활보장 급여가 중단되기 때문이다. 급여 중단은 청년 수급자에게는 곧바로 생활고로 이어졌다. 결국 '해외 경험'에서 소외와 차별이 생길 수밖에 없었다. 이는 국민기초생활보장법의 의의에 반하는 일이었다.

아동복지법

1961년 12월 '아동복리법'이란 이름으로 태어난 아동복지법은 1981년 4월 지금의 이름을 얻게 되었다. 아동이 건강하게 출생해서 안전하고 행복하게 자라도록 복지를 보장해주는 것이 이 법의 목적이다. 아동복지법에 따라 아동은 18세 미만인 사람으로 규정된다. 어린이날이 5월 5일인 것도 아동복지법의 규정이다.

아동복지법에 따라 국가와 사회와 어른은 아동을 보호하고 복지에 힘써야 한다. 국가가 아동복지시설을 세우고 사회복지사를 채용하는 것도 법을 지키기 위함이다. 또한 아동복지법은 지자체에서 아동복지 업무를 담당하는 아동복지전담공무원을 둘 수 있도록 하고 있다.

이때 아동복지전담공무원은 사회복지사의 자격을 가진 사람, 즉 사회복지사여야만 한다. 사회복지사인 아동복지전담공무원은 아동에 대한 상담 및 보호조치, 가정환경 조사, 아동복지시설에 대한 지도·감독, 아동범죄 예방을 위한 현장 확인과 지도 등의 업무를 수행한다. 아동복지시설의 사회복지사와 소통하며 아동을 관리하는 것도 주요 업무 중 하나다.

한편 아동복지법은 아동학대를 발견하면 반드시 신고하도록 규정하고 있다. 이 규정은 대한민국 국민 누구에게나 적용된다. 특히 교육기관의 교원, 의료인, 보육시설 종사자, 아동복지시설 종사자, 가정폭력피해자시설 종사자 등은 이 의무를 한층 무겁게 진다.

2장
사회복지사가
되기까지

사회복지사의
자격

사회복지사의 결격 사유

2022년 6월 15일, 예능 프로그램 〈유 퀴즈 온 더 블럭〉에 배우 유지태가 출연했다. 그는 사회복지사가 인생 목표 중 한 가지라고 말했다. 그 목표를 이루고자 그는 대학원에 진학한 상태였다.

유지태가 사회복지사를 꿈꾸게 된 계기는 촬영장에서 일어난 사고였다. 무술 감독이 불의의 사고로 목숨을 잃은 비극이었다. 또 다른 일도 있었다. 20년 가까이 영화에 삶을 바친 무술 감독을 위한 사회보장제도가 전혀 없다는 사실이었다. 유지태는 그 사실에 충격을 받았다. 비정규직의 차디찬 현실을 영화 현장에서 마주한 것이다. 이 현실을 납득하기 어려웠던 유지태는 비정규직의 복지가 필요하다고 생각했고, 사회복지학을 공부하기로 했다.

이듬해 겨울, 유지태가 몇몇 언론 기사에 등장했다. 웹드라마 〈비질란테〉가 화제를 모으면서 이루어진 인터뷰 관련 기사였다. 유지태는 인터뷰에서 비정규직과 예술인을 위한 사회복지 시스템을 개선하는 데 힘쓸 것이라는 포부를 밝혔다. 그 무렵 유지태는 이미 사회복지사라는 직함을 얻은 상태였다.

우리나라에서는 정신의학전문의가 사회복지사로서 부적합하다고 판정하는 정신질환, 금고 이상의 형벌, 마약 중독 등을 사회복지사의 결격 사유로 두고 있다. 이 결격 사유만 없다면 사회복지사로서 일할 수 있다. 하지만 결격 사유가 없다는 것만으로는 부족하다. 배우 유지태처럼 사회복지에 이바지하려는 마음이 필요하다. 그 마음이 첫째로 갖추어야 할 자격이다.

사회복지사의 직업관

인천광역시사회복지사협회는 동명의 유튜브 채널을 운영하며 협회 소식이나 사회복지에 관한 정보를 제공한다. 협회의 사무처장인 박정아 사회복지사는 〈사회복지사, 첫걸음을 떼려는 당신에게〉라는 유튜브 동영상에서 다음과 같이 이야기했다.

"사회복지사는 함부로 하는 거 아냐.' 우리 딸이 사회복지사를 하고 싶어 한다면 이렇게 이야기할 것 같아요."

박정아 사회복지사가 '함부로'라는 다소 직설적인 표현을 쓴 이유는 그녀의 직업관이 확고하기 때문이다. 의사가 한 사람의 생명을 책임지듯 사회복지사도 한 사람에게 끼치는 영향력이 무척 크다. 그 영향력은 한 사람을 일으켜 세울 수도, 주저앉힐 수도 있다. 때문에 인간의 존엄성에 대한 인식, 투철한 사명감, 공공의 이익을 향한 의지가 없는 사람은 사회복지사를 해서는 안 된다. 이것이 박정아 사회복지사의 직업관이다. 그녀는 자신의 딸이 이런 직업관을 갖는다면, 그때야 사회복지사의 길을 허락할 것이라고 말했다.

물론 어떤 직업이든 올바른 직업관이 없다면 해당 직업이 요구하는 직무를 제대로 수행하기 어렵다. 사회복지사라는 직업은 특히 더 그렇다. 사람을 대하는 직업이기 때문이다. 따라서 사회복지사를 꿈꾸는 청소년이라면 스스로의 마음을 깊이 들여다보기 바란다. 가슴속에 사회복지사의 직업관이 있는지, 지금은 없더라도 앞으로 생각해볼 수 있는지 스스로 고민해보아야 한다.

사실 박정아 사회복지사도 처음부터 사회복지사의 자세

나 마음가짐을 갖추고 이 세계에 발을 들여놓은 것은 아니다. 그녀는 뚜렷한 소명 의식 없이 그저 점수에 맞춰 대학의 사회복지학과를 간 것이라 고백했다. 사회복지사로서 일하면서 사회복지사가 단순한 직업이 아니라는 것을, 단단한 직업관 없이는 해내기 어려운 직업이라는 것을 깨달았다. 가슴속에 사회복지사의 마음을 들여놓을 여력이 없었다면 그녀는 사회복지사의 길을 포기했을지도 모른다.

사회복지사의 MBTI

MBTI란 스위스의 정신분석학자 카를 구스타프 융의 분석심리학을 바탕으로 1944년 모녀 사이인 캐서린 쿡 브린스와 이자벨 브릭스 마이어스가 개발한 성격 유형 지표다. 흔히 'MBTI 검사' 또는 'MBTI 성격 유형 검사'라고 부른다. 'MBTI'란 단어는 'Myers-Briggs-Type Indicator'의 줄임말로, 모녀의 이름에서 유래했다.

MBTI 검사는 자신의 적성과 능력, 그에 따른 직업을 알아보는 데 널리 쓰이고 있다. 다만 완벽한 검사는 아니므로 전적으로 결과에 의존하기보다는 참고만 하는 것이 좋다. MBTI에 대한 보다 자세한 내용은 《진로직업 마스터플랜》(더디퍼런스, 2022) 2장에서 찾아볼 수 있다.

사회복지사와 어울리는 MBTI 성격 유형으로는 보통 ISFJ, INFP, ISFP 세 가지를 꼽는다. 물론 절대적인 것은 아니다. 아래 표는 이 세 가지 성격 유형의 특징과 추천 직업이다. 사회복지사 외에 다른 직업도 언급한 이유는 청소년기에는 여러 가능성이 열려 있기 때문이다. 즉 수의사에 뜻을 두고 있다 해서 '사회복지사는 나와 상관없는 직업'으로 여기며 배제할 필요는 없다. 수의사에 알맞은 성격은 사회복지사와도 잘 맞으므로 진로에 대해 열린 마음을 갖는 것이 훨씬 이롭다. 청소년기에는 아직 스스로에 대해 알지 못하는 경우가 많다. 성장하면서 자신의 적성과 능력에 대해 더 분명히 알게 되는데, 이때 열린 마음을 가진 사람이 성공할 가능성이 더 높다.

사회복지사와 어울리는 MBTI 성격 유형

MBT 성격 유형	특징	추천 직업
ISFJ	포기를 모르기에 경험을 통해 자신이 틀렸다는 사실을 깨달을 때까지 꾸준히 나아간다. 온정적이고 헌신적이며, 이해심이 깊어서 양보도 자주 한다.	교직, 상담직, 고객서비스직, 보석세공사, 예술가, 회계직, 장의사, 의사, 간호사, 수의사, 생물학자, **사회복지사**

INFP	타인의 감정을 잘 알아챈다. 몽상가적인 기질도 다분하다. 인간관계에 대한 책임감이 강하고, 이해심도 많다.	영양사, 물리치료사, 사회과학자, 기업교육 전문가, 소프트웨어 개발자, 작가, 사서, 상담직, **사회복지사**
ISFP	낭만적 성향이며, 동물이나 식물과 교감하는 것을 좋아한다. 겸손하고 관용적이며, 화합을 중요하게 여긴다. 개방성과 융통성도 지녔다.	화가, 만화가, 도예가, 디자이너, 약사, 안경사, 물리치료사, 피부관리사, 동물훈련사, 식물관리직, 상담직, 회계직, **사회복지사**

세 가지 유형과 다른 유형이라 해서 사회복지사를 꿈의 목록에서 지우는 것은 바람직하지 않다. 다른 유형도 얼마든지 사회복지사 일을 해낼 수 있다. 일례로 ISTJ의 추천 직업 목록에도 사회복지사가 들어간다. 제이더블유컨설팅 대표이자 강사인 '잡원티드'는 부산의 한 종합사회복지관의 사회복지사들을 대상으로 MBTI 검사를 했다. 검사 결과 가장 많은 성격 유형은 ISTJ였다. ISTJ는 매사에 철저한 모범생 스타일이다. 반복되는 업무에서 오는 스트레스를 잘 견디며, 방해 요소 없이 혼자 집중해서 일하기를 좋아한다. 외과의사, 치과의사, 약사, 수의사, 법조인, 사서, 교직, 기능직, 지질학자, 웹 기획자, 회계직, 통계학자, 주식 중개인, 그리고 사회복지사에 알맞은 성격 유형이다.

홀랜드 검사로 알아보는 사회복지사

홀랜드 이론은 미국의 심리학자 존 홀랜드가 개발한 성격 유형과 직업에 관한 이론이다. 흔히 '홀랜드 검사'라고 부른다. 홀랜드 검사에는 6가지 직업 유형이 존재한다. 존 홀랜드는 직업이 같은 사람들은 비슷한 성격으로 자라났을 거라고 생각했다. 아울러 공부 방법과 태도, 업무 방식, 취미를 즐기는 정도, 인간관계 등도 서로 닮았을 거라고 전제했다. 그는 이 전제를 바탕으로 직업인들의 성격과 직업 환경을 분석하고 공통점을 찾았다. 그 후 6가지 직업흥미 유형으로 분류했다.

존 홀랜드는 자신이 분류한 6가지 직업흥미 유형을 육각형 모형으로 만들었다. 이를 리아섹 모형(RIASEC model)이라 부른다.

홀랜드 검사를 받는 사람은 대부분 6가지 직업흥미 유형 중 하나에 속한다. 검사를 마친 뒤 가장 점수가 높은 유형과 그다음으로 점수가 높은 유형이 자신의 '진로 유형'으로 확정된다. 가령 사회형(S)과 현실형(R)이 차례로 높은 점수가 나온 사람의 진로 유형은 'SR'이다. 두 가지 유형을 합쳐 진로 유형으로 정하는 까닭은 사람의 유형을 한 가지 유형으로만 한정할 수 없기 때문이다. 한편 '현실형'은 '실재형', '진취형'은 '기업형'으로 표기하기도 한다.

■ RIASEC 모형

현실형(R)

기초 흥미 분야:
사무/회계

기초 흥미 분야:
기계/기술, 사회
안전, 농림

관습형(C)

탐구형(I)

기초 흥미 분야:
관리/경영

기초 흥미 분야:
과학/연구

진취형(E)

예술형(A)

기초 흥미 분야:
교육, 사회 서비스

기초 흥미 분야:
음악, 미술, 문학

사회형(S)

출처: 한국직업정보시스템(워크넷)

사회복지사와 어울리는 직업흥미 유형은 사회형(S)이다. 사회형은 친절하고, 헌신적이고, 이해심이 많다. 남을 돕기를 좋아하고, 인간관계를 중요하게 여긴다. 사회복지사, 상담직, 교사, 간호사, 물리치료사, 승무원, 레크리에이션 강사, 이미지 컨설턴트, 미용사, 영양사 등이 사회형의 대표 직업이다. 참고로 승무원을 꿈꾸는 청소년이라면 사회복지사의 역할도 거뜬히 해낼 거라 믿어도 괜찮다.

홀랜드 검사는 심리상담센터, 진로직업체험센터 등에서 실시한다. 학교에서 시행하는 경우도 있으니, 기회가 오면

진지하게 참여하자. 스스로를 알 수 있는 좋은 기회다. 물론 MBTI와 마찬가지로 절대적인 것은 아니니 맹신은 금물이다.

워크넷(한국직업정보시스템) 홈페이지에서 홀랜드 검사를 무료로 받을 수 있다. 고용노동부가 만든 '직업심리검사'의 한 분야인 '청소년직업흥미검사'가 바로 홀랜드 검사에 해당된다. 참고로 직업심리검사는 고등학생적성검사, 직업가치관검사, 초등학생진로인식검사, 청소년인성검사, 청소년직업흥미검사(홀랜드 검사), 중학생진로적성검사 등으로 구성되어 있다. 홈페이지에서 원하는 카테고리를 찾아 들어가면 된다.

진로정보망커리어넷(www.career.go.kr)에서도 무료로 홀랜드 검사를 제공한다. '직업심리검사'라는 이름으로 시행되는 이 검사는 워크넷의 검사와 방식만 조금 다를 뿐 홀랜드 검사를 바탕으로 만들었다는 점에서 같다. 홈페이지에서 '직업흥미검사(H)'를 클릭하면 된다.

사회복지사의 시작, 자격증

자격증이 필요한 사회복지사

사회복지사업법 제11조는 '사회복지사 자격제도'에 관한 조항이다. "사회복지에 관한 소정의 전문 지식과 기술을 가진 자에게 사회복지사 자격을 부여한다"는 것이 이 조항의 핵심 내용이다. 한마디로 자격증을 받아야만 사회복지사가 될 수 있다는 말이다. 그렇다면 어떻게 자격증을 손에 넣을 수 있을까?

사회복지사 자격증은 2급과 1급 두 가지다. 먼저 2급 자격증을 따는 방법을 알아보자.

우선 사회복지학 전공을 꿈꾸는 청소년이라면 한 가지 방법만 염두에 두어도 괜찮다. 전문대학이나 4년제 대학의 사회복지 관련 학과에 진학하는 방법이다. 학교에서 학위

(4년제 대학은 학사, 전문대학은 전문학사)를 얻으면 자격증이 졸업장과 함께 주어진다. 사회복지사 2급 자격증은 시험으로 따는 자격증이 아니므로 필요 과목만 이수하면 손에 넣을 수 있다. 여기서 사회복지 관련 학과란 사회복지학과, 아동복지학과, 노인복지학과 등을 가리킨다. 학교마다 이름이 조금씩 다르므로 관심 있는 대학의 홈페이지를 참고하면 된다. 한편 사회복지사 2급 자격증 시험 도입에 관한 이야기가 이따금 언급되고 있지만, 2024년 현재까지 구체적인 방안은 나온 바 없다.

사회복지사 2급 자격증은 전공과 관계없이 취득할 수 있다. 전문대학에서 컴퓨터를 전공했든, 4년제 대학에서 국어국문학을 전공했든 자격증에 도전할 수 있다. 물론 사회복지학을 전공하기 위해 대학을 다시 가도 되지만, 이 방법은 시간과 비용이 많이 든다. 그 대신 학점은행제를 이용하는 것이 더 효율적이다. 목표를 이루는 데 3학기(1년 6개월) 정도의 시간이면 충분하다.

학점은행제란 열린 학습사회, 평생 학습사회를 구현한다는 목적으로 국가가 만든 교육 제도다. 고등학교 졸업 또는 동등 학력을 가진 사람이라면 누구나 학점은행제의 혜택 대상자다. 학점은행제를 통하면 각종 자격증 및 학위를 취득할 수 있다. 학점은행제 이용은 국가평생교육진흥원 학

점은행제 홈페이지(https://www.cb.or.kr)에서 '학습자 등록'
을 하는 것부터 시작된다. 제도의 자세한 절차 및 이용법은
해당 홈페이지에 나와 있다.

사회복지사 2급 자격증 취득 방법

	대상	취득 방법
1	4년제 대학에 다니는 사회복지학 전공자	전공 교과목과 사회복지 관련 교과목 17개(필수 10과목, 선택 7과목)를 이수하고 학사학위 취득
2	4년제 대학 졸업 또는 동등 학력자	1) 전공과 관계없이 학점은행제를 통해 전공 교과목과 사회복지 관련 교과목 17개(필수 10과목, 선택 7과목) 이수 2) 보건복지부 장관이 지정한 교육훈련기관에서 12주 이상의 양성교육과정 수료 3) 대학원에서 사회복지학을 전공하고 석사학위나 박사학위 취득. 이때 전공 교과목과 사회복지 관련 교과목 8개(필수 6과목, 선택 2과목) 이수
3	전문대학에 다니는 사회복지학 전공자	전공 교과목과 사회복지 관련 교과목 17개(필수 10과목, 선택 7과목)를 이수하고 전문학사학위 취득
4	전문대학 졸업 또는 동등 학력자	전공과 관계없이 학점은행제를 통해 전공 교과목과 사회복지 관련 교과목 17개(필수 10과목, 선택 7과목) 이수
5	고등학교 졸업 또는 동등 학력자	학점은행제를 통해 27과목(전공 15과목, 일반 7과목, 교양 5과목)을 이수하고 전문학사학위 취득 * 27과목 안에는 전공 교과목과 사회복지 관련 교과목 17개가 포함됨

고등학교 졸업 학력자와 학점은행제

사회복지사 2급 자격증을 얻는 데 필요한 조건은 다음 두 가지다.

- 전문대학 졸업 학력
- 사회복지 관련 17과목 이수

앞서 학점은행제의 이용 자격은 고등학교 졸업 또는 동등 학력이라고 설명했다. 따라서 고등학교 졸업 학력을 가진 사람은 학점은행제를 통해 사회복지 관련 17과목을 이수할 수 있다. 하지만 그것만으로는 사회복지사 2급 자격증을 얻을 수 없다. 전문대학 졸업 학력이 필요하기 때문이다.

앞의 표에서 고등학교 졸업 또는 동등 학력자의 '취득 방법' 칸을 다시 살펴보자. 학점은행제를 통해 이수해야 할 과목이 27개이며, 그 안에 사회복지 관련 17과목이 포함된다고 되어 있다. 달리 말해 나머지 10과목은 전문학사 학위(전문대학 졸업 학력)를 얻는 데 필요한 과목이라 이해하면 된다.

참고로 이미 전문대학 졸업 학력을 가진 사람이라면 학점은행제를 통해 사회복지 관련 17과목만 이수하면 2급 자격증을 취득할 수 있다. 이때 공부에 욕심이 생긴다면 더 많은 과목을 신청해 이수해도 된다. 학점은행제는 학사학위도 주는 제도로서 4년제 대학 사회복지학 전공자와 같은 수준에 이를 수 있는 기회를 제공한다. 본인의 선택에 따라 사회복지사 2급 자격증, 사회복지학 학사(공식 명칭은 행정학사) 자격증도 딸 수 있다. 이에 대한 상세한 내용은 국가평생교육진흥원 학점은행제 홈페이지에 나와 있다.

학점은행제에서 과목을 이수한다는 것은 해당 과목을 배우고 학점을 딴다는 뜻이다. 은행에서 돈을 쌓듯 기준 학점을 쌓으면 원하는 목표를 이룰 수 있다. 고등학교 졸업 학력자가 학점은행제를 통해 전문학사 학위와 사회복지사 2급 자격증을 얻는 데는 보통 2년이 걸린다. 2년은 4학기로 구성되는데, 학점은행제에서는 한 학기에 최대 24학점, 1년에 최대 42학점까지만 인정한다. 본인이 한 학기 만에 모든 과목을 이수하고 자격증을 따고 싶어도 제도상 안 된다. 1과목당 3학점이므로 24학점은 8과목, 42학점은 14과목에 해당한다. 한 한기에 9과목을 이수하고 27학점을 딸수는 있지만, 초과되는 3학점은 인정받지 못한다.

다만 학점은행제에서 운용하는 독학사 제도를 활용하면 한 학기 정도의 시간은 단축할 수 있다. 독학사 제도는 학점은행제를 통해 학사학위를 취득할 수 있는 제도다. 이 제도의 활용 여부는 본인의 선택이며, 구체적인 정보는 학점은행제 홈페이지에서 찾아보자.

사회복지사 2급 자격증에 필요한 공부

아래 표는 사회복지사 2급 자격증을 취득하는 데 필요한 이수 과목이다.

사회복지사 2급 자격증 취득 이수 과목

이수 과목	교과목
필수과목 (10과목, 30학점)	사회복지개론, 사회복지법제와실천, 사회복지실천기술론, 사회복지실천론, 사회복지정책론, 사회복지현장실습*, 사회복지조사론, 사회복지행정론, 인간행동과 사회환경, 지역사회복지론
선택과목 (7과목, 21학점)	가족복지론, 가족상담및가족치료, 교정복지론, 국제사회복지론, 노인복지론, 복지국가론, 빈곤론, 사례관리론, 사회문제론, 사회보장론, 사회복지역사, 사회복지와문화다양성, 사회복지와인권, 사회복지윤리와 철학, 사회복지자료분석론, 사회복지지도감독론, 산업복지론, 아동복지론, 여성복지론, 의료사회복지론, 자원봉사론, 장애인복지론, 정신건강론, 정신건강사회복지론, 청소년복지론, 프로그램개발과평가, 학교사회복지론

대학에서 사회복지학을 전공하든, 학점은행제를 이용하든 이들 사회복지 관련 17과목을 이수해야 사회복지사 2급 자격증을 받을 수 있다. 참고로 대학에서 사회복지학을 전공하지 않고 대학원에 가서 사회복지학을 전공하는 사람은

석사학위 취득과 함께 필수 6과목, 선택 2과목을 이수해야 한다.

학점은행제 수업은 국가에서 지정한 교육훈련기관에서 이루어진다. 국가평생교육진흥원 학점은행제 홈페이지에서 교육훈련기관을 조회할 수 있다. 홈페이지에 들어가 [표준교육과정]-[교육훈련기관 조회] 카테고리를 차례로 클릭하면 된다.

학점은행제의 장점은 사회복지학을 가르치는 교육훈련기관들이 온라인 수업을 진행한다는 점이다. 덕분에 일상생활을 유지하고 직업생활을 병행하면서 필요한 과목을 이수할 수 있다. 그런데 단 하나, 필수 과목인 '사회복지현장실습'은 온라인 수업이 불가능하다. 이 과목은 말 그대로 복지 현장에 나가 몸으로 부딪쳐야만 이수할 수 있는 과목이다. 흔히 '실습'이라고 줄여서 부른다.

'실습'은 보건복지부장관이 선정한 사회복지 기관, 단체, 법인 등에서 이수해야만 인정받는다. 총 160시간을 채우는 것 또한 필수 조건이다. 실습자는 실습 기관에서 일하며 실무를 익히는 것 외에 '실습 세미나' 수업도 받아야 한다. 실습 세미나의 회수는 15회 이상이며, 사회복지 실무 경험이 있는 교수의 지도로 30명 이내의 실습자가 모여 행한다.

사회복지사 1급 자격증 따는 법

한국사회복지사협회 자격관리센터에서 공지한 사회복지사 1급 자격증 취득 기준은 아래와 같다.

사회복지사업법 제11조 제3항의 규정에 의한 국가시험에 합격한 자

사회복지사 1급 자격증은 시험으로 따는 자격증이다. 단, 사회복지사 2급 자격증을 가진 사람에게만 응시 자격이 부여된다. 2급을 건너뛰고 1급을 딸 수 없는 것이 사회복지사 자격제도의 구조다.

사회복지사 1급 시험에 대한 정보는 한국산업인력공단의 자격 시험 홈페이지인 Q-net(https://www.q-net.or.kr)에서 확인할 수 있다. 이곳에 시험 일정, 응시 자격 등이 포함된 시험 공고가 난다. 아울러 시험 접수 방법, 합격자 발표도 알 수 있다. 사회복지사 자격증은 국가자격증이므로 해당 홈페이지에 들어가 [국가자격시험] 카테고리를 클릭하면 된다.

시험은 보통 매년 1~2월에 치르며, 시험 횟수는 1년에 한 번이다. 2024년 시험의 경우 1월 13일에 치러졌으며, 접수는 2023년 12월 4일부터 시작했다.

Q-net에 응시 자격이 자세히 나와 있다. 응시 자격의 두 가지 핵심 조건은 사회복지사 2급 자격증과 1년의 사회복지 실무 경력이다. 그런데 이 두 가지 조건이 모든 응시생에게 공통으로 적용되는 것은 아니다. 다만 사회복지사 2급 자격증은 모두에게 요구된다. 1년의 사회복지 실무 경력만 그 대상이 다르다.

■ 1년의 사회복지 실무 경력이 필요한 자

1) 전문대학에서 사회복지학을 전공하고 사회복지사 2급 자격증을 취득한 자

2) 전문대학 졸업 또는 동등 학력자로서 사회복지 관련 17과목을 이수하고 사회복지사 2급 자격증을 취득한 자

3) 4년제 대학 졸업 또는 동등 학력자로서 보건복지부장관이 지정한 교육훈련기관에서 12주 이상의 양성교육과정을 수료하고 사회복지사 2급 자격증을 취득한 자

4년제 대학 사회복지학 전공자와 전문대학 사회복지학 전공자와의 차이점은 바로 1급 자격증 시험 응시 자격이다. 전자의 경우 학사학위 취득과 동시에 응시 자격이 주어지지만, 후자는 전문학사 학위를 취득한 뒤 1년 이상 사회복지 기관에서 일한 경력이 요구된다.

앞서 고등학교 졸업 또는 동등 학력자는 학점은행제를 통해 사회복지사 2급 자격증과 전문학사 학위를 취득할 수 있다고 설명한 바 있다. 이 두 가지를 손에 넣은 사람은 전문대학에서 사회복지학을 전공한 사람과 동일한 자격이 된다. 즉, 사회복지사 1급 자격증 시험도 같은 기준을 적용받는다. 따라서 1년의 사회복지 실무 경력이 요구된다.

영역별
사회복지사 되는 법

영역별 사회복지사란 무엇인가

더 높은 전문성이 필요한 영역에서 활동하는 사회복지사를 영역별 사회복지사라고 한다. 학교사회복지사, 의료사회복지사, 정신건강사회복지사가 바로 그들이다. 보건복지부장관은 이들의 전문성을 인정한다는 의미로 해당 영역의 자격증을 발급한다. 예를 들어, 학교사회복지사는 사회복지사 자격증 외에 별도로 학교사회복지사 자격증을 받는다.

세 영역 모두 사회복지사 1급 자격증을 갖추는 것이 기본이다. 기본을 갖춘 뒤 사회 복지 현장에서 수련을 마쳐야만 영역별 사회복지사 자격증을 받고 활동할 수 있다. 학교사회복지사 지원자의 경우 초등·중등·고등 학교로 구성된 수련 기관에서 1년 이상 경험을 쌓아야 학교사회복지사 자격을 얻을 수 있는 것이다.

의료사회복지사 지원자는 일반병원, 재활병원, 요양병원 등으로 구성된 수련 기관에서 1년의 수련 과정을 마쳐야 한다. 정신보건사회복지사 지원자의 수련 기관은 정신건강의학과가 있는 병원, 지자체가 설립한 정신건강복지센터 등이다. 역시 1년의 수련 기간이 요구된다.

학교에서 일하는 학교사회복지사

본인이 다니는 학교에 '교육복지실'이 있다면 학교사회복지사가 있다는 뜻이다. 교육복지실은 학교사회복지사의 업무 공간이다. 학교사회복지사의 주 업무는 학생과 상담하고, 학생에게 복지 자원을 연결해 주는 일이다. 현재 모든 초중고 학교에 학교사회복지사가 있는 것은 아니지만, 점점 늘어나는 추세다.

영화 〈고백〉으로 잠시 돌아가보자. 영화에서 보라의 학교에 학교사회복지사가 있는지는 알 수 없다. 다만 없는 쪽에 더 가깝다고 짐작할 수 있다. 학교사회복지사가 있었다면 아동복지기관의 사회복지사인 오순과 긴밀하게 소통하며 보라와 함께했을 것이다. 그것이 학교사회복지사의 일이기 때문이다. 학교사회복지사가 있었다면 보라는 좀 더 안정적인 나날을 보낼 수 있었을지도 모른다. 오순보다 거리상으로 더 가까이 있는 학교사회복지사가 발 빠르게 도움의 손길을 내밀었을 테니까. 이는 학교사회복지사가 필요한 이유이기도 하다.

학교사회복지사의 업무가 궁금하다면, 보건복지종사자 브이로그 공모전 우수상 작품인 〈3년차 학교사회복지사 '출근길부터 퇴근길'〉을 보자. 유튜브 '한국보건복지인재원' 채널에서 시청할 수 있다.

이 영상에는 조민경 학교사회복지사가 일하는 모습이 꾸밈없이 담겨 있다. 중학교에서 근무하는 조민경 학교사회복지사는 학생을 걱정하는 담임교사와 의논하고, 교내 상담교사와 그 학생의 개선책을 찾기 위해 협의한다. 성, 자살, 친구 관계 등의 정서적 문제는 상담교사와 함께 해결책을 찾는 것이 바람직해서다. 이때 학생에게 복지 자원이 필요하다 판단되면 학교사회복지사가 전면에 나선다.

학교사회복지사에게 점심시간은 학생들과 자유롭게 소통하는 시간이다. 함께 이야기하고 놀면서 학생들과 마음을 열고 대화한다. 오후에는 중학생들의 멘토가 되어 준 대학생들과 사례 회의를 하고, 그 후 외부 복지기관과 협력해서 가정방문을 한다.

조민경 씨와 같은 학교사회복지사가 되고 싶다면, 사회

복지사 1급 자격증이 기본이다. 이후 1년 이상의 수련이 필요한데, 구체적으로 말하면 1,000시간이다. 1,000시간의 수련은 이론 공부 150시간, 실습 830시간, 학술 활동 20시간이다. 1,000시간을 버티고 수련 과정에 대한 평가에 통과해야만 수련이 종료되고 학교사회복지사 자격증을 받는 것이다.

그밖에 자세한 정보는 한국학교사회복지사협회(www.kassw.or.kr)에서 얻을 수 있다. 이 홈페이지를 통해 수련 기관 조회, 수련 신청, 자격증 신청도 할 수 있다. 한마디로 학교사회복지사가 되는 데 꼭 필요한 소통 창구라 할 수 있다.

병원에서 일하는 의료사회복지사

김은수 사회복지사는 《사회복지사가 말하는 사회복지사》의 공동 저자다. 그는 의료사회복지사로서 10년 동안 병원에서 일했던 경험을 〈의술을 인술로, 사람 냄새 나는 병원을 만든다〉라는 글에 녹여냈다. 의료 현장에서 일하는 의료사회복지사는 진료팀의 일원이다. 효과적인 치료를 위해 환자의 사회적·경제적·심리적 문제의 해결을 돕는다. 그 도움이란 환자 및 가족 상담, 진료비 지원 및 지역사회 복지 자원 연결 등이다. 환자가 치료 후 정상적으로 사회에 복귀하는 것에 초점을 맞춘 도움이라 할 수 있다.

김은수 의료사회복지사도 이러한 도움의 손길을 여러 환자에게 내밀었다. 소아당뇨캠프를 통해 이 병을 이겨낸 사람과 소통의 장을 열어 환자에게 용기를 주었다. 담도폐쇄증을 앓는 소녀 환자의 어마어마한 치료비를 위해 민간 사회복지재단의 지원을 받고, 언론에 소녀의 사연을 제보해 기금으로 수술비를 마련했다. 모두 "생명에 대한 책임"으로 한 일이었다.

의료사회복지사를 꿈꾸는 사람의 소통 창구는 대한의료사회복지사협회(kamsw.or.kr)다. 이곳에서 수련 과정, 수련 기관을 조회할 수 있다. 수련 신청도 받으며, 의료사회복지사 채용 공고도 볼 수 있다. 의료사회복지사의 수련은 1년, 1,000시간을 요한다. 수련은 이론 150시간, 실습 830시간, 학술 활동 20시간으로 구성되며, 평가를 통과해야 수련 과정이 종료된다.

사회적 약자를 우선하는 정신건강사회복지사

사회복지사는 기본적으로 사회적 약자를 우선하는 사람이다. 복지 자원이란 것은 아무래도 사회적 약자에게 초점을 맞추기 마련이고, 이를 필요한 이에게 연결하는 것이 사회복지사의 업무다. 사회복지사가 사회적 약자를 챙기지 않으면 복지 사각지대만 커지는 결과를 초래한다.

정신건강사회복지사는 사회복지사 중에서도 더더욱 사회적 약자를 챙기는 사람이다. 정신건강이 온전치 못한 사람은 다른 복지 대상자보다 논리력이나 표현력이 떨어진다. 그래서 자기 권익을 찾는 힘이 상대적으로 약하다. 사회적 약자 중의 약자인 것이다. 정신건강사회복지사의 손길이 꼭 필요하다. 이는 실제로 정신건강 사회복지 현장에서 일하고 있는 홍성수 정신건강사회복지사의 직업 철학이다. 그는《사회복지사 어떻게 되었을까?》(캠퍼스멘토, 2022)의 공동 저자로서 자신의 직업 철학과 정신건강사회복지사의 현실을 책 속에 담았다.

정신건강사회복지사의 일터는 정신건강병원, 정신건강복지센터, 정신재활시설, 보건소 등이다. 홍성수 사회복지사는 안산시정신건강복지센터에서 일한다. 그는 일반 시민을 대상으로 고위험군을 선별해 정신건강 치료 및 상담을 연계하는 업무를 했다. 기업, 정신건강 관련 기관 종사자들을 대상으로 정신건강 교육 사업도 진행했다. 정신 재활 중인 사람들이 일상에 무사히 안착할 수 있도록 '남성 회원 재활 프로그램'도 운영했다.

이처럼 다양한 일을 하는 정신건강사회복지사가 되려면 1년, 1,000시간의 수련이 필요하다. 1,000시간의 수련은 실습 850시간(학술 활동 20시간 포함), 이론 150시간으로 구성된다. 수련 장소는 병원, 보건소, 정신건강증진 시설 등이다. 자세한 사항은 한국정신건강사회복지사협회(kamhsw.or.kr)에서 알아볼 수 있다. 이곳에서 수련 기관 조회 및 신청도 가능하다.

다양한 곳에서 일하는 사회복지사

교정사회복지사, 군사회복지사, 사회복지전담 공무원 등도 고유의 영역에서 전문성을 지니고 활동하는 사회복지사들이다.

① 교정사회복지사

교정사회복지사는 법무부에 속한 교정 시설에서 수감 생활을 하는 수감자를 돕는 사회복지사다. 사회복지사인 동시에 법무부 보호직 공무원이다. 1장에서 소개한 박종국 사회복지사가 바로 교정사회복지사다. 그는 교정 시설인 소년원에서 일하며 수감자인 소년들의 재활을 돕는다. 교정사회복지사가 하는 일을 알고 싶다면 박종국 사회복지사의 일을 찬찬히 되새겨보자.

교정사회복지사가 되려면 우선 사회복지사 2급 자격증을 취득해야 한다. 그 후 보호직 공무원 경력 채용(흔히 경채 또

는 특채라 부름) 시험에 응시해 합격해야 한다. 사회복지사가
아닌 일반인을 대상으로 하는 공개채용은 국어, 영어, 한국
사, 형사정책개론, 사회복지학개론 등 5과목 시험으로 이루
어진다. 사회복지사 2급을 대상으로 하는 경력 채용의 시험
과목은 2과목이다. 사회복지학개론은 필수이며, 교육학개
론과 심리학개론 중 1과목을 선택해서 치른다.

② 군사회복지사

군사회복지사의 공식 명칭은 병영생활전문상담관이다.
사회복지사 2급 자격증을 필요로 하며 군대 내에서 병사들
의 복지 업무를 담당하기에 군사회복지사라고 부른다. 군
사회복지사는 군대 부적응 병사 상담 및 지원, 사회 복귀를
앞둔 병사들을 위한 프로그램 운영, 병사들의 가정 문제 상
담 등을 한다. 군사회복지사가 되는 길은 만만치 않다. 사
회복지사 2급 자격증 외에 아래 세 가지 요건 중 하나를 충
족해야만 응시 자격을 얻는다.

1) 5년 이상의 상담 경험이 있는 자
2) 심리상담 또는 사회복지 분야와 관련된 학사학위 소지자로서
   3년 이상의 상담 경험이 있는 사람
3) 심리상담 또는 사회복지 분야와 관련된 석사 이상의 학위

소지자로서 2년 이상의 상담 경험이 있는 사람

    한편 사회복지사 2급 자격증이 없는 사람도 군사회복지사 응시가 가능하다. 임상심리사, 직업상담사, 전문상담교사, 청소년상담사, 정신건강사회복지사, 정신건강임상심리사 중 하나의 자격증이 있으면 된다. 물론 위의 세 가지 요건을 충족하는 조건이다.

사회복지와
친해지기

봉사활동으로 적성 찾기

《사회복지사 어떻게 되었을까?》는 여섯 명의 사회복지사가 자신의 경험담을 풀어놓은 책이다. 공동 저자인 그들의 경험담에서는 한 가지 공통점을 찾을 수 있다. 청소년기인 학창 시절 또는 대학 시절에 봉사활동을 했다는 점이다. 봉사 활동을 통해 자기 안에 사회복지 성향이 잠재하고 있다는 것을 깨달은 점이다.

한 예로, 창영종합사회복지관 사례관리팀장인 방희범 사회복지사는 고등학교 1학년 때 경험한 봉사활동으로 "사회복지라는 진로 영역에 관심을 두기 시작했다"라고 했다. 그는 독거노인에게 도시락을 배달하고 단체 나들이에 동행하는 봉사를 하면서 우리 사회 빈부 격차의 현실을 체감했다.

방희범은 고등학교 1학년 때 짧은 봉사활동을 통해 사회복지에 눈을 뜨긴 했지만 그때 진로를 확정한 것은 아니었다. 그는 신문방송학과 교육학에 더 관심이 있었다. 2학년에 올라가서도 계속 진로를 고민하던 그는 선생님, 어머니와 상담 끝에 사회복지학과 진학을 목표로 세웠다. 선생님과 어머니가 사회복지에 더 알맞은 자신의 성향을 발견해 준 것이다.

지금 사회복지학 전공을 계획하고 있든, 다른 계획을 세우고 있든, 아무 계획이 없든 봉사활동은 도움이 된다. 적어도 자신이 사회복지와 성향이 맞는지 고민해볼 수 있는 계기를 마련해 주기 때문이다. 물론 성향이 맞는다고 생각했는데, 나중에 아니라는 생각이 들 수도 있다. 반대로 나와는 맞지 않다고 생각했는데, 훗날 우연히 맞는 부분을 찾을 수도 있다. 중요한 것은 '답'이 아니라 '고민'이다. 청소년기 고민의 시간은 진로 결정에 도움을 줄 것이며, 고민의 경험은 어떤 길을 가든 자양분이 되어 준다.

영화, 소설 속 사회복지

사회복지학을 전공하는 대학생들이나 갓 입문한 사회복지사들은 영화, 소설 같은 예술 작품을 통해 사회복지를 공부하기도 한다. 작품 속 인물의 상황을 보고 '내가 사회복지사라면 어떤 도움을 줄 수 있을까?'라고 생각해 보는 것이다. 먼저 한국 영화 최초로 아카데미 작품상을 받은 〈기생충〉을 사회복지의 관점으로 감상한 뒤, 인물들에게 필요한 복지 자원 연결, 새로운 복지 프로그램 개발 등을 고민해보자.

영화 〈기생충〉에는 바퀴벌레가 득실대는 반지하 방에서 살아가는 4인 가족이 등장한다. 아버지는 실업자, 어머니는 해머던지기 선수 출신 주부, 아들은 명문대를 원하는 4수생, 딸은 미술대학 지망생이다. 이들은 온 가족이 피자 박스를 접으며 생계를 유지한다. 그러던 중 아들 기우가 학력을 위조해 부잣집에 과외선생으로 들어간다. 게다가 여동생까지 경력을 속여 그 집의 미술선생으로 취직시킨다.

〈기생충〉을 사회복지의 관점으로 바라보면 우리 사회의 양극화, 청년실업, 불공정한 노사관계 등이 보인다. 영화에는 사회복지사가 등장하지 않는다. 사회복지사로서 영화 속에 들어간다면 고용, 의료, 보건 등 해야 할 일, 할 수 있는 일이 많다.

이병헌, 박정민 주연의 영화 〈그것만이 내 세상〉, 이제훈 주연의 영화 〈파수꾼〉, 김호연의 소설 《불편한 편의점》, 천명관의 소설 《고령화 가족》 등도 사회복지를 공부하기에 좋은 작품들이다. 각 작품의 핵심을 한 단어로 표현한다면

〈그것만이 내 세상〉은 '장애', 〈파수꾼〉은 '학교폭력', 《불편한 편의점》은 '실업', 《고령화 가족》은 '노인'이다. 각 작품 속에는 다양한 사회복지의 군상이 녹아 있다.

대학의 사회복지학과

사회복지학과나 관련 학과가 있는 대학의 홈페이지를 보는 것도 도움이 된다. 대학 홈페이지에 학과 소개, 입학 정보, 졸업 후 진로 등에 대해 자세히 안내되어 있다. 사회복지학과도 마찬가지다. 각 대학마다 다르지만, 사회복지학과 학생들의 봉사활동 소식, 사회복지사로 취업한 학생들의 인터뷰 따위를 홈페이지에 싣기도 한다. 이러한 정보들을 접하면 사회복지학과의 특징, 사회복지학과 학생들의 생활에 대해 어느 정도 파악할 수 있다. 이 정보는 장차 진로를 결정하는 데 도움이 된다.

아래 표는 서울 소재 대학의 사회복지학과 및 관련 학과 목록이다. 졸업과 함께 사회복지사 2급 자격증을 취득할 수 있는 학과를 운영하고 있는 학교를 중심으로 소개한다.

서울 소재 대학 관련 학과

대학	학과	비고
강서대학교	사회복지학과	

경희사이버대학교	사회복지학부	사회복지전공/노인복지전공/아동·보육전공
고려사이버대학교	사회복지학과	
글로벌사이버대학교	사회복지학부	노인복지전공/가족복지전공/상담·건강복지전공/복지시설경영전공
덕성여자대학교	사회복지학과	
동국대학교	사회복지학과	
동덕여자대학교	사회복지학과	
명지대학교	사회복지학과	
삼육대학교	사회복지학과	
상명대학교	사회복지학과	
서울기독대학교	사회복지학과	
서울대학교	사회복지학과	
서울디지털대학교	복지학부	사회복지학과/노인복지전공
서울사이버대학교	사회복지전공	
	노인복지전공	
	아동복지전공	
	복지경영전공	
	청소년복지전공	

서울시립대학교	사회복지학과	
서울여자대학교	사회복지학과	
서울한영대학교	사회복지학과	
	아동보육학과	
성공회대학교	사회복지학전공	
성균관대학교	사회복지학과	
세종사이버대학교	사회복지학부	사회복지학과/사회복지행정학과
숭실대학교	사회복지학부	
숭실사이버대학교	휴먼서비스학부	기독교상담복지학과/사회복지학과/요양복지학과
연세대학교	사회복지학과	
이화여자대학교	사회복지학과	
중앙대학교	사회복지학부	
총신대학교	사회복지학과	
한국방송통신대학교	사회복지학과	
한국성서대학교	사회복지학과	
한국열린사이버대학교	사회복지학과	
	아동보육학과	
한양사이버대학교	사회복지학과	

서울 외 다른 지역의 대학들은 교명만 소개한다. 의료사회복지과, 의료복지학과, 실버케어복지학과 등 다소 생소한 학과 이름은 괄호 안에 넣었다.

서울 외 대학

지역	대학교
강원도	가톨릭관동대학교, 강릉원주대학교, 강원대학교, 경동대학교 메디컬캠퍼스, 상지대학교, 한라대학교, 한림대학교
경기도	가천대학교, 가톨릭대학교, 강남대학교, 경기대학교, 경동대학교, 경복대학교(의료사회복지과), 국제사이버대학교, 대진대학교, 루터대학교, 서울신학대학교, 서울장신대학교, 성결대학교, 신한대학교, 용인대학교, 화성의과학대학교(의료복지학과), 중앙승가대학교, 평택대학교, 한세대학교, 한신대학교, 협성대학교
경상남도	가야대학교, 경남과학기술대학교, 경남대학교, 경상국립대학교, 부산장신대학교, 영산대학교, 인제대학교, 창신대학교, 한국국제대학교
경상북도	경북대학교, 경일대학교, 경주대학교, 김천대학교, 대구가톨릭대학교, 대구대학교, 대구사이버대학교, 대신대학교, 동국대학교 경주캠퍼스, 동양대학교, 영남사이버대학교, 영남신학대학교, 위덕대학교, 한동대학교
전라남도	동신대학교, 목포가톨릭대학교, 목포대학교, 세한대학교, 순천대학교, 초당대학교, 한려대학교
전라북도	군산대학교, 예수대학교, 원광대학교, 원광디지털대학교, 전북대학교, 전주대학교, 한일장신대학교, 호원대학교

제주도	제주국제대학교, 제주대학교(실버케어복지학과)
충청남도	건양대학교, 공주대학교, 금강대학교, 나사렛대학교, 남서울대학교, 단국대학교 천안캠퍼스, 백석대학교, 선문대학교, 순천향대학교, 우송대학교, 중부대학교, 청운대학교, 한서대학교, 호서대학교
충청북도	건국대학교 글로컬캠퍼스, 극동대학교, 꽃동네대학교, 서원대학교, 세명대학교, 순복음총회신학교, 유원대학교, 중원대학교, 청주대학교, 한국교통대학교

사회복지사 윤리 강령

강령이란 '정당이나 사회단체 등이 그 기본 입장이나 방침, 운동 규범 따위를 열거한 것'을 말한다. 강령을 지킴으로써 그 단체는 정체성을 얻는 동시에 외부의 지지를 받는다. 사회복지사들에게는 '윤리 강령'이 있다. 이는 사회복지사들이 지켜야 할 윤리적 규범이다. 사회복지사들은 윤리적 규범을 지키며 의무를 이행함으로써 정체성을 확립한다. 나아가 우리 사회의 지지를 받는다.

사회복지사들의 윤리 강령을 간략히 소개한다.

■ 사회복지사 윤리 강령 전문

사회복지사는 인본주의·평등주의 사상에 기초하여, 모든 인간의 존엄성과 가치를 존중하고 천부의 자유권과 생존권의 보장 활동에 헌신한다. 특히 사회적·경제적 약자들의 편에 서서 사회정의와 평등·자유와 민주주의 가치를 실현하는 데 앞장선다. 또한, 도움을 필요로 하는 사람들의 사회적 지위와 기능을 향상시키기 위해 저들과 함께 일하며, 사회제도 개선과 관련된 제반 활동에 주도적으로 참여한다. 사회복지사는 개인의 주체성과 자기 결정권을 보장하는 데 최선을 다하고, 어떠한 여건에서도 개인이 부당하게 희생되는 일이 없도록 한다. 이러한 사명을 실천하기 위하여 전문적 지식과 기술을 개발하고, 사회적 가치를 실현하는 전문가로서의 능력과 품위를 유지하기 위해 노력한다. 이에 우리는 클라이언트·동료·기관, 그리고 지역사회 및 전체사회와 관련된 사회복지사의 행위와 활동을 판단·평가하며 인도하는 윤리기준을 다음과 같이 선언하고 이를 준수할 것을 다짐하다

-출처: 한국사회복지사협회

위 내용에서 특히 눈여겨볼 것은 "사회복지사는 개인의 주체성과 자기 결정권을 보장하는 데 최선을 다하고"라는 문구다. 이 문구는 '사회복지사는 복지 대상자(클라이언트)가 스스로 일어설 힘을 주는 사람'이라는 뜻을 지니고 있다. 즉, 밥과 반찬을 먹여주기보다는 스스로 밥과 반찬을 집어먹을 힘을 키워주는 사람이 바로 사회복지사다.

전문에서 말하는 '윤리기준'에는 기본적 윤리기준, 클라이언트에 대한 윤리기준, 사회복지사의 동료에 대한 윤리기준, 기관에 대한 윤리기준, 사회에 대한 윤리기준 이렇게 5가지가 있다. 이 중 기본적 윤리기준에 대해 간략히 살펴보자.

■ 기본적 윤리 기준

기본적 윤리기준은 1. 전문가로서의 자세, 2. 전문성 개발을 위한 노력, 3. 전문가로서의 실천으로 구분된다. 이 중 1. 전문가로서의 자세만 소개한다. 해당 항목은 사회복지 전문가로서 사람을 존중하는 자세로 일해야 한다는 지침이다. 이 자세는 모든 사회복지사가 기본으로 갖춰야 할 자질이다.

1. 전문가로서의 자세

1) 인간 존엄성 존중

㉮ 사회복지사는 모든 인간의 존엄, 자유, 평등을 위해 헌신해야 하며, 사회적 약자를 옹호하고 대변하는 일을 주도해야 한다.

㉯ 사회복지사는 모든 인간의 고유한 존엄성과 가치를 인정하고 존중하며, 이를 기반으로 사회복지를 실천한다.

㉰ 사회복지사는 클라이언트의 성, 연령, 정신·신체적 장애, 경제

적 지위, 정치적 신념, 종교, 인종, 국적, 결혼상태, 임신 또는
출산, 가족 형태 또는 가족 상황, 성적 지향, 젠더 정체성, 기타
개인적 선호·특징·조건·지위 등을 이유로 차별을 하지 않는다.

㉣ 사회복지사는 다양한 문화의 강점을 인식하고 존중하며, 문화
적 역량을 바탕으로 사회복지를 실천한다.

㉤ 사회복지사는 문화적으로 민감한 실천을 제공하기 위해, 사회
복지 실천 과정에서 자신의 개인적·사회적·문화적·정치적·종
교적 가치, 신념과 편견이 클라이언트와 동료 사회복지사에게
미칠 수 있는 영향을 고려하여 자기 인식을 증진하기 위해 힘
쓴다.

2) 사회정의 실현

㉮ 사회복지사는 사회정의 실현과 클라이언트의 복지 증진에 헌
신하며, 이를 위한 국가와 사회의 환경 변화를 위해 노력한다.

㉯ 사회복지사는 사회, 경제, 환경, 정치적 자원에 대한 평등한 접
근과 공평한 분배가 이루어지도록 노력한다.

㉰ 사회복지사는 개인적·집단적·사회적·문화적·정치적·종교적 특
성에 근거해 개인이나 집단을 차별·억압하는 것을 인식하고,
이를 해결 또는 예방하기 위해 노력해야 한다.

-출처: 한국사회복지사협회

3장
사회복지사로
살아간다는 것

사회복지사의
좋은 점

누군가를 일으켜 세우다

방문요양센터는 몸이 불편한 어르신의 집에 요양보호사●
를 보내 돌봄 서비스를 제공하는 곳이다. 이곳의 사회복지
사는 도움이 필요한 어르신을 만나 상담하고, 요양보호사
를 관리한다. 방문요양센터의 책임자이자,《사회복지사 어
떻게 되었을까?》의 공동 저자 형광우 사회복지사는 자신의
글에서 아팠던 어르신의 건강이 회복되고 걸음걸이가 점점
좋아지는 모습에 큰 보람을 느낀다고 했다.

사회복지사에게 복지 대상자가 자신의 상처를 딛고 다시

●   노인 등에게 신체활동이나 가사활동을 지원하는 업무를 전문적으로 하는 직업.

사회에 복귀하는 모습만큼 보람 찬 일은 없을 것이다. 많은 사회복지사가 실제로 이런 결과에 보람을 느낀다. 그야말로 뿌듯한 마음으로 '사례관리 종결'을 하게 되는 것이다. 사회복지사는 무조건 도움을 주는 사람이 아니다. 복지 대상자가 다시 일어서고, 스스로 해낼 힘을 주는 사람이다.

형광우 사회복지사는 "사회복지사는 누구나 할 수 있지만 아무나 할 수 있는 일은 아니다"라는 사회복지의 철학을 갖고 있다. 이 철학은 사회복지학과 학생일 때 교수님이 한 말이라고 한다. 누군가를 다시 일으켜 세우는 일은 결코 쉽지 않다. 진정으로 그를 이해해야 하며, 배려해야 하며, 용기를 북돋아야 하며, 관심을 쏟아야 한다. 그의 장점과 강점을 일깨워 주어야 한다. 그래서 필요한 것이 전문성이다. 사회복지사는 아무나 할 수 없는, 우리 사회의 전문가다.

살기 좋은 세상을 만들어 가는 즐거움

사회복지사 지망생들이 사회복지사가 된 뒤 느끼는 공통점이 있다. 일을 하다 보니 주변에 도움이 필요한 복지 대상자들이 참 많다는 점이다. 사회복지사로 살기 전에는 미처 몰랐던, 보지 못했던 복지 사각지대가 예상보다 넓었다.

복지 사각지대를 찾아내는 일은 사회복지사에게 매우 중

요한 업무다. 이는 적잖은 부담을 주는 업무이기도 하다. 복지 사각지대를 찾아낸 다음에는 그 사각지대를 없애는 방법을 고민해야 한다. 고민 끝에 해결책을 떠올리고 나면 실행 단계에 들어가는데, 생각보다 해야 할 일이 많다.

그러나 그만큼 구슬땀을 흘려야 하는 일이기에 뿌듯함이 크고 남다르다. 정말 아무나 할 수 없는 일을 해냈다는 성취감이 찾아온다. 물론 사회복지사마다 개인차는 있지만, 복지 사각지대 해결이 주는 보람과 만족감을 얻은 경험은 누구에게나 있다. 살기 좋은 세상을 만드는 데 조금이나마 이바지했다는 자긍심은 사회복지사만이 누릴 수 있는 기쁨이다.《사회복지사 어떻게 되었을까?》의 공동 저자인 전미영 사회복지사는 사회복지사를 이렇게 표현했다.

"기다림의 연속! 하지만 즐거움의 연속."

사회복지사를 기다리는 복지 대상자, 복지 사각지대를 위해 무언가를 하는 것은 즐겁다는 이야기다. 이것이 많은 사회복지사의 속마음이다.

좋은 일을 하면서 돈을 벌다

사회복지사들 세계에는 "사회복지사들끼리 결혼하면 기초생활수급자가 된다"라는 농담이 있다. 사회복지사의 업무 강도가 세고 양도 많은 데 비해 급여는 낮은 현실에서 나온 말이다. 객관적으로 볼 때 사회복지사가 큰돈을 버는 직업은 아니다. 급여의 구체적인 부분은 4장에서 알아보자.

사회복지사가 돈을 앞세우면 사회복지사 일을 감당하기 어렵다. 그렇다고 돈을 무시하기도 어렵다. 지극히 당연한 이야기다. 사회복지사도 다른 직업인들처럼 생계를 유지해야 하고, 여가도 즐겨야 하며, 자기 계발 및 자아실현도 해야 한다. 사회복지사는 자원봉사자가 아니다. 정당하게 급여를 받고 일하는 전문 직업인이다.

많은 사회복지사가 '좋은 일을 하면서 돈을 번다'라고 생각한다고 한다. 그러면 마음이 좀 더 편해지고, 일에 의욕도 붙는다. 직업에 대한 만족감도 느낄 수 있다고 한다. 실제로 사회복지사들은 좋은 일을 하고 있다. 복지 사각지대를 줄이고 복지 대상자에게 힘을 주는 일은 누가 봐도 좋은 일이다. 물론 다른 직업인들보다 상대적으로 좋은 일을 하고 있다는 뜻은 아니다. 누수 전문가가 누수를 잡는 일도, 교사가 학생을 가르치는 일도 모두 귀하고 좋은 일이다.

사회복지사는 업무 특성상 사람을 많이 접할 수밖에 없다. 그리고 사람을 우선시해야 업무 성과도 올라간다. 복지 대상자에게 복지 자원을 연결하는 업무에서 복지 대상자를 뒷전에 두면 일의 성과가 나올 수 없다. 사회복지사는 사람을 먼저 생각하고 업무의 성과를 얻었을 때 보람을 더 느낀다고 한다.

사회복지사를 일으켜 세우는 감사의 말

'감사합니다'라는 말에 미움이나 분노를 느끼는 사람이 있을지 모르겠다. 보통 사람들은 감사 표현에 좋은 기분을 느낀다. 사회복지사도 마찬가지다.

사회복지사들, 특히 초보 사회복지사들은 복지 대상자를 만났을 때 막막함을 느낀다고 한다. 입을 꽉 닫고 마음을 열지 않는 사람, 뭔가를 지나치게 요구하는 사람, 최선의 조치를 취했지만 불평불만을 쏟아내는 사람, 온갖 정성을 다했지만 변화의 의지를 안 보이는 사람과의 만남은 막막함을 가져다준다. 그런 만남이 지속되어도 사회복지사들은 의무감 때문이든, 열정 때문이든, 박애주의 때문이든 포기하지 않는다. 그런데 그렇게 온 마음을 쏟았을 때 '감사합니다'라는 말을 듣게 되는 경우가 많다고 한다. 비록 한마디 말뿐인 보상이지만 그 보상은 큰 위안과 힘으로 돌아온다고 한다.

사회복지사는 감사의 표현을 자주 받는 직업이다. 물론본인 하기 나름이지만, 직업 자체가 상대방의 감사를 불러오는 직업이다. 복지 대상자 중에는 가벼운 전화 한 통, 작은 관심의 표현 따위에도 감사를 표현하는 사람들이 적지 않다. 사회복지자 선서와 윤리 강령대로 일하면 감사라는 보답을 넉넉히 받을 수 있다. 그것이 사회복지사라는 직업의 특징이다.

공식적으로 감사의 말을 들을 기회도 있다. 각 지역의 사회복지사협회에서는 '사회복지 대회'를 개최해 사회복지사들에게 감사패나 공로상을 수여한다. 해마다 사회복지의 날(9월 7일)에는 기념식을 열어 포상을 하기도 한다. 업무적 성과에 대한 이러한 보상은 일정 부분 동기부여가 될 수 있다.

사회복지사의
힘든 점

내일은 오고 문제는 계속된다

《사회복지사 이야기 3》(싸이앤북스, 2018)은 사회복지사 42인의 생생한 이야기를 다룬 책이다. 저자들 중 한 명인 이충효 사회복지사는 종합사회복지관에서 일한 경험담을 담았다. 그는 자신이 속한 복지관의 지역 주민들로부터 다양한 요구와 질문을 받았다. 복지관 직원의 마을 야간순찰 참여, 건강증진 프로그램 장소 확인, 육아품앗이 참여자 모집, 연락 두절된 노인 찾기, 그리고 몇 달째 월세를 내지 못한다는 하소연까지…. 아이부터 어른까지, 여자와 남자 할 것 없이 주민들이 여러 가지 문제를 안고 복지관의 문을 두드렸다. 말 그대로 종합적인 복지 서비스를 원했다.

이충효 사회복지사는 몸소 복지 서비스를 발굴하기도 했

다. 재능기부 의사를 밝힌 지역 주민이 나타나자 지역사회에 도움이 되리라 판단해 주민 강좌를 개설했다. 저소득 가정 아이들의 균형 있는 성장을 위해 아이들의 부모님, 지역 아동센터의 사회복지사들과 협의해 건강 프로그램을 만들었다.

장애인복지관, 노인복지관 등은 이름처럼 장애인과 노인으로 복지 대상자가 한정된다. 그런데 종합사회복지관은 복지 대상자의 구분이 없다. 모든 지역 주민을 대상으로 하므로 일이 많다. 그 범위도 넓다. 물론 장애인복지관이 장애인만 상대한다고 해서 일이 적은 것도, 또 결코 쉬운 것도 아니다. 장애인들의 다양한 복지 욕구를 해소하고, 장애인들이 자립할 수 있게 돕는 일에는 상당한 노력과 에너지가 소비된다. 노인복지관도 마찬가지다. 점점 짙어지는 고령화 사회의 그늘에서 다양하고 새로운 업무들이 줄줄이 생겨나고 있다.

사회복지사의 일은 문제와의 끊임없는 만남이다. 한 가지 사례 속에서도 문제가 지속적으로 발생하고, 한 가지 사례가 끝나면 또 다른 사례가 새로운 문제로 다가온다. 문제와의 만남은 결코 쉬운 일이 아니다. 사회복지사에게는 분명 버거운 만남이다. 문제 해결 능력이 부족하다면 더더욱 그렇다. 그러나 그만큼 보람과 성취감을 안기는 것도 사실이다. 어려운 문제를 해결했을 때 받는 기쁨은 쉬운 문제를 해결했을 때보다 큰 법이니까.

소통에서 오는 스트레스

79만 명의 구독자를 보유한 유튜버 버미쌤은 노인복지시설의 사회복지사로 일한 경력이 있다. 그는 동영상 〈하… 사회복지사 그만둘까? (단점편)_당신이 모르는 이야기〉에서 자신이 느낀 사회복지사의 단점에 대해 말했다.

버미쌤은 주로 독거노인, 기초생활수급자 노인을 만나며 복지 서비스와 연계해 주는 일을 했다. 이 일은 노인복지시설 사회복지사의 주된 업무이기도 하다. 버미쌤의 일은 녹록치 않았다. 복지 대상자가 아닌데 복지 서비스를 요구하는 몇몇 노인이 그를 힘들게 했다. 복지 제도를 설명하고 서비스를 제공할 수 없는 상황을 이해시켜도 노인들은 막무가내였다. 무조건 해달라고 억지를 부렸고, 왜 그렇게 일을 못하냐며 면박을 주었다. 물건을 던지거나 욕을 하는 노인도 있었다. 이런 봉변은 버미쌤만 당한 게 아니었다. 다른 사회복지사들도 마찬가지다.

물론 버미쌤이 소개한 사례가 빈번한 것은 결코 아니다. 사회복지사를 심각한 수준으로 괴롭히는 사람은 소수다. 그러나 사회복지사 입장에서는 소수의 공격도 큰 상처가 된다. 진심과 정성과 열정으로 한 일이 공격으로 되돌아오면 상처는 더 깊은 법이다.

사회복지사는 다양한 분야에서 일하지만, 어떤 분야에서 일하든 많은 사람을 만난다. 복지 대상자뿐만 아니라 복지 대상자의 가족, 후원자, 연계 기관 직원, 동네 주민, 자원봉사자 등 각계각층의 사람과 소통해야 한다. 그런데 소통이 안 될 때 정말 표현하기 힘든 스트레스를 받는다. 일의 의욕은 물론이고 정체성과 자존감도 떨어진다. 소통은 감정노동이며, 감정노동은 때로 육체노동보다 사람을 더 지치게 만든다. 감정노동의 빈도가 높은 사회복지사들은 누구나 소통의 기술을 익히려 애쓴다. 소통의 문제는 모든 사회복지사가 넘어야 할 벽이다.

맥가이버를 기대하는 사회

삼십 대 현직 사회복지사로서 유튜브 채널 '복지생각'을 운영하는 한 유튜버는 일곱 명의 사회복지사와 인터뷰를 진행했다. 인터뷰의 내용은 사회복지사의 장단점이다. 자세한 내용은 동영상 〈사회복지사 인터뷰 / 사회복지란 / 장점 / 단점〉에 생생하게 나온다.

일곱 명의 인터뷰 참가자들은 청소년복지관, 장애인복지관, 종합사회복지관 등에서 열심히 일하는 사회복지사들이다. 그중 한 사회복지사는 사회복지사를 '맥가이버'라고 표현했다. 〈맥가이버〉는 1980년대 미국 TV 드라마로 우리나라에서도 큰 인기를 끌었다. 주인공 맥가이버는 악당을 처치할 때 무기나 완력을 쓰지 않고 과학적 지식에 바탕을 둔 기지를 발휘한다. 또 어떤 위급한 상황에서도 기발한 아이디어로 위기를 벗어난다. 그야말로 만능맨 맥가이버의 모습에 시청자들은 마음을 빼앗겼다.

사회복지사를 맥가이버에 비유한 사회복지사는 이렇게 설명했다.

"처한 시간과 장소에 따라서 뭐든 다 해내야 하거든요."

한편 다른 사회복지사는 웃음 섞인 한숨을 내쉬며 이렇게 고백했다.

"사회복지사가 되면 다양한, 너무 많은 걸 해야 하는 건 맞아요."

사회복지사는 문서 작성 및 서류 처리, 프로그램 개발, 홍보, 복지 대상자 방문, 거기다 단순 몸 쓰기까지 정말 다양한 일을 해야 한다. 그것도 잘해야 한다. 어느 한 가지를 제대로 못 하면 업무에 구멍이 날 위험이 커지기 때문이다. 단적인 예로, 좋은 프로그램을 개발해도 홍보에 실패하면 프로그램은 죽고 만다. 업무에, 나아가 복지에 구멍이 생기는 것이다. 또한 사례관리 중 복지 대상자가 돌발행동을 보이는 경우도 있다. 무난하게 진행되던 프로그램에서 안전사고가 발생하는 일, 복지 서비스의 기준이 느닷없이 변경되는 일도 생겨난다. 이를 수습해야 하는 것은 사회복지사의 몫이다. 그야말로 맥가이버처럼 임기응변 능력을 발휘해야 한다.

다양한 일을 모두 능숙하게 해내야 하는 것은 분명 힘든 점이다. 그래서 더 보람을 얻기도 하지만, 실패했을 때 짊어져야 할 짐은 결코 가볍지 않다. 맥가이버 같은 사회복지사가 되려면 청소년기에 여러 가지 체험을 하는 것이 도움이 된다. 안전 체험을 한 사람이 안전사고 상황에서 더 잘대처할 수 있을 테니까. 실제로 많은 사회복지사가 예비 사회복지사들에게 '체험'을 강조한다. 현장의 목소리이니 깊이 새겨두는 것이 좋겠다.

사회복지전담 공무원의
세계

사회복지사이자 공무원

다음은 워크넷의 한국직업사전에서 소개하는 사회복지 전담 공무원의 '수행직무'다.

국민기초생활보장수급자 등 사회복지 사업의 신청을 접수한다. 최저생계비, 신청자의 재산, 소득, 부양가족 등의 자료와 신청자와의 상담을 토대로 수급자를 선정한다. 수급자에게 생계, 주거, 교육, 장례, 출산 등의 급여를 지급한다. 장애인 차량지원, 경로당 지원, 노인교통비지급, 소년소녀가장지원, 급식아동지원, 보육지원 사업을 기획하고 실행한다. 자활이 가능한 대상자를 선정하여 지역사회 사업장이나 관련 기관에 의뢰하여 근로할 수 있도록 지원하고 급료를 지급한다. 자원봉사자를 발굴하고 교육하며 배치

한다. 지역 내 사회복지기관과 연계하고 자원봉사자를 연결한다.

국민기초생활보장수급자를 위한 복지 사업은 대표적인 정부의 복지 정책이다. 급식아동지원 사업, 보육지원 사업 등도 마찬가지다. 사회복지전담 공무원은 국가의 일을 하는 공무원으로서 정부의 복지 정책을 수행하는 것이 주된 업무다.

그런데 그들은 수동적으로만 일하지 않는다. 즉, 찾아오는 신청자의 접수를 받는 것에 그치지 않는다. 능동적으로 복지 대상자를 발굴하기도 한다. 자원봉사자 관리, 사회복지기관과의 연계 등의 업무도 앉아서만 하지 않는다. 밖으로 나가 두 발로 뛴다. 사회복지전담 공무원은 사회복지사이기도 하기 때문이다. 이 책에서 지금까지 살펴본 우리나라의 사회복지사들은 모두 뛰면서 일했다.

그렇다면 국가는 왜 사회복지전담 공무원을 둔 것일까? 이유는 '전문성'이다. 사회복지전담 공무원 제도를 만든 것은 복지의 목표 때문이다. 복지는 '보편적 복지'를 목표로 삼는다. 모든 사람에게 혜택을 주는 것이 궁극적 목표다. 이 목표를 이루기 위해 전문가를 일꾼으로 세운 것이다. 복지에 구멍이 생기지 않도록, 복지사각지대가 커지지 않도록 하려면 전문가의 능력이 필요하다.

국가의 사회복지를 책임질 사회복지전담 공무원이 되려면 우선 사회복지사 2급 이상 자격증은 필수다. 그리고 사회복지직 9급 공무원 시험에 합격해야 한다. 만 18세 이상이면 학력, 성별, 연령 등의 제한 없이 누구나 도전할 수 있다. 하지만 현실적으로는 전문대 졸업 이상 학력을 가진 사람이 될 수 있다. 사회복지사 2급 자격증을 얻는 데 해당 학력이 필요하기 때문이다.

사회복지전담 공무원이 하는 일

사회복지전담 공무원의 대표적인 일터는 읍, 면, 동의 주민센터(또는 행정복지센터)다. 상급 기관인 구청, 군청, 시청, 도청에서도 사회복지전담 공무원을 만날 수 있다. 큰 틀에서 보면, 하급 기관은 민원 창구 역할을 하고, 상급 기관은 복지 사업 계획 수립이나 예산 집행 등을 한다.

가령 가정양육수당을 받고 싶은 엄마가 있다고 해보자. 엄마가 가장 먼저 해야 할 일은 주민센터에 가서 사회복지전담 공무원을 만나는 일이다. 그러면 주민센터 담당 공무원의 안내를 받아 가정양육수당을 신청할 수 있다. 신청 절차가 끝나면 담당 공무원은 구청에 그 자료를 넘긴다. 이후 구청의 사회복지전담 공무원은 신청 자료를 검토한 뒤 가정양육수당 지급 여부를 결정한다. 지급이 타당하다고 결정되면 지급 업무도 맡는다. 이것이 사회복지전담 공무원들의 기본적인 업무이자 업무 구조다. 참고로 가정양육수당이란 보육지원 사업의 하나로, 자녀를 어린이집이나 유치원에 안 보내고 집에서 양육하는 보호자에게 지급하는 양육비다.

사회복지전담 공무원은 복지 대상자를 가만히 기다리고만 있지 않는다. 주민센터 밖으로 나가 발로 뛰며 발굴하기도 한다. 건강 문제로 거동이 불편한 복지 대상자는 직접 찾아가기도 한다. 이른바 '찾아가는 읍면동 주민센터' 서비스를 실천하고 있다. 서울시에서 2015년에 처음 시작한 '찾아가는 읍면동 주민센터'는 복지사각지대를 줄이고 국민의 복지 만족도를 높이는 데 이바지하고 있다. 그 바탕에는 사회복지전담 공무원들의 땀과 수고가 있다.

사회복지전담 공무원의 활약상

《사회복지사 이야기 3》의 공동 저자인 김동연 사회복지사는 사회복지전담 공무원이다. 그녀는 〈지역의 복지 허브, 사회복지직 공무원!〉이란 글에서 동 주민센터에서 일했던 경험담을 풀어놓았다. 대표적인 경험담은 10년 동안 이웃과 교류를 끊고 쓰레기가 가득한 집에서 지내는 한 가정에 도움을 준 이야기다.

그 가정은 아버지와 중고등학생 남매가 함께 살고 있는데, 아버지는 10년 전 아내의 자살에 충격을 받아 마음의 문을 닫은 상태였다. 김동연 사회복지사는 직접 그 집에 찾아갔다가 도움 따위 필요 없다는 말과 함께 문전박대를 당했다. 하지만 복지사각지대에 놓인 그 가정을 포기할 수 없었다. 시청 사례관리팀의 지원을 받아 함께 아버지를 설득했고, 지속적인 관심을 보였다.

　끈질긴 노력 끝에 6개월 만에 아버지의 마음을 열 수 있었다. 이후 김동연 사회복지사는 지역봉사단체와 연계해 그 집의 10년 묵은 쓰레기를 치웠다. 아버지가 경비원으로 취업할 수 있도록 돕고, 척추측만증을 앓고 있던 아들은 긴급의료비 지원을 통해 수술을 받을 수 있게 도왔다.

　김동연 사회복지사가 10년 동안 그늘에 갇혀 있던 가정을 끄집어낸 계기는 동료 직원들의 대화였다. 어느 날 사무실 식당에서 밥을 먹고 있는데, 다른 직원들의 대화가 우연히 귀에 들렸다. 본인 아파트에 쓰레기가 쌓인 집이 있는데 절대 문을 열지 않는다는 말이 들린 것이다. 그냥 흘려버려도 될 이 말에 김동연 사회복지사는 관심을 기울였다. 도움이 필요한 가정이라는 느낌이 강하게 스친 것이다. 김동연 사회복지사는 누가 시킨 것도 아닌데 스스로 움직였다. 그녀는 주변을 수소문해 그 가정에 대한 정보를 얻고 발품을

팔아 찾아갔다. 그 자발적인 발걸음에 쓰러져 있던 한 가정이 다시 일어설 수 있었다.

사회복지전담 공무원의 활약상

'드림스타트'는 아동복지법에 근거한 취약계층 아동을 위한 복지 서비스다. 임산부, 그리고 0세부터 최대 만 15세까지의 아동이 복지 대상이다. 복지 내용은 임산부의 산전 및 산후 관리, 아동의 건강검진, 예방접종, 기초학력 검사 및 배양, 심리상담 및 치료, 아동학대 예방, 돌봄기관 연계, 부모 교육, 가족 상담 등이다. 한마디로 아동이 행복한 사회 구성원으로 성장할 수 있도록 돕는 서비스다.

사회복지사전담 공무원인 박희보 사회복지사 역시 《사회복지사 이야기 3》의 공동 저자다. 그는 성남시청의 드림스타트 팀장으로서, 드림스타트 사업을 진행하며 겪은 일들을 글에 녹여 냈다.

그중에는 아픔으로 남은 사건도 있다. 한부모가정의 엄마가 화재로 목숨을 잃고 아이는 할머니 손에 맡겨진 사건이다. 이 엄마는 생전에 매일같이 술을 마시며 아무 의욕 없이 집에 푹 처박혀 지냈다. 그런 엄마가 싫었는지 아이는 엄마를 때렸다. 박희복 사회복지사는 엄마를 때리는 아이를 심리치료 기관에 보내려 했고, 가정에 주변의 관심이 필요하다고 여겨 교회를 통해 지원을 추진했다. 다른 기관 사례관리 담당자와 가정방문도 했다. 그러던 중 화재 사고가 나서 모든 것을 물거품으로 만들었다.

박희복 사회복지사는 드림스타트를 통해 여러 불우한 아이들을 목격하면서 한 가지 중요한 것을 깨달았다. 부모의 문제를 해결하는 것이 아동의 문제를 해결하는 방책이 될 수 있다는 점이었다. 부모의 폭력, 우울, 무기력이 고스란히 아동에게 전이되는 것을 체험하고 알게 된 깨달음이었다.

이후 박희복 사회복지사는 부모의 문제 해결을 위해 부모 교육 프로그램에 힘을 쏟았다. '유머 강좌'를 개발해 웃음을 잃어버린 부모에게 웃음을 주고, 부모와 자녀가 함께하는 '감사테라피'를 운영해 가정마다 감사의 마음이 자리 잡도록 애썼다. 그 결과 유머 강좌를 받은 한 부모는 "오늘처럼 웃어본 것이 처음"이라며 눈물을 흘렸다. 또한 몸 한쪽의 마비로 자신의 처지를 비관만 하며 살았던 한 어머니는 매일 감사하면서 생활하게 되었다. 사회복지전담 공무원의 손길이 무너져가는 가정을 회복시킨 것이다.

사회복지전담 공무원의 힘든 점

사회복지전담 공무원에게도 힘든 점이 있다. 그것은 지

금껏 살펴본 사회복지사의 힘든 점과 대동소이하다. 다만 사회복지전담 공무원은 다른 사회복지사에 비해 어려운 처지인 사람을 더 많이 상대한다. 정부의 복지 서비스를 복지 대상자에게 연결하는 것이 이들 업무의 핵심인 탓이다. 민원인의 무거운 하소연과 구구절절한 사연을 매일같이 듣고, 공감하고, 도울 방법까지 찾는 일은 결코 쉽지 않다. 사회복지전담 공무원이 정신적으로 건강하고 정서적으로 안정되지 않으면 지치고 무기력해지기 십상이다.

앞서 소개한 김동연 사회복지전담 공무원도 읍사무소에 일할 때 번아웃을 겪었다고 고백했다. 하루 평균 30여 명의 민원인을 상대하는 일을 1년 6개월째 하다가 번아웃이 찾아왔다고 한다. 당시 그녀는 사람의 눈을 똑바로 쳐다보기 힘들었고, 다른 사람의 이야기가 귀에 들어오지 않았다고 한다. 다행히 병원에 다니고, 종교에 의지하고, 홀로 걷기도 하면서 가까스로 번아웃에서 빠져나왔다고 한다. 또한 그 경험 후 걷기를 취미로 삼았다고 한다. 김동연 사회복지사는 운동, 여행, 동호회 활동 등 자신만의 스트레스 해소법이 중요하다고 강조했다. 내가 마음의 여유가 있을 때 남을 도울 힘이 더 솟아나기 때문이다.

사회복지전담 공무원은 공무원 조직에 속해 있으므로 조직의 문화와 규칙을 따라야 할 의무가 있다. 공무원의 품위를 지켜야 하며, 공무원의 계층적 구조를 인정해야 하며, 다른 분야 공무원과도 함께 일해야 한다. 어디까지나 조직의 일부일 뿐 중심은 아닌 것이다. 즉, 사회복지사가 중심이 된 복지기관의 사회복지사들과는 다소 다른 분위기에서 사회복지 업무를 해야 한다. 이런 상황은 사회복지전담 공무원에게 스트레스 요인이 될 수 있다.

사회복지사를
만나다

변화의 결과를 보지 못한 아쉬움

정우연(가명) 사회복지사는 서울의 한 지역아동센터에서 일한 경험이 있다. 그때 인상 깊었던 경험에 대해 나누고자 한다.

Q. 지역아동센터에서는 어떤 일을 했나요?

A. 다양한 일을 했는데, 간추려 보면 '돌봄'과 '학습'이에요. 방과 후에 센터에 찾아온 아이들을 저녁밥을 먹여 집에 돌려보낼 때까지 돌봐주는 게 저의 일이었어요. 함께 있는 시간 동안 숙제를 도와주고, 학교 교과 수업도 진행하고, 미술 활동, 음악 활동도 하면서 보냈습니다.

Q. 가장 기억에 남는 어린이에 대해 말씀해 주신다면?

A. 민준이라고, 초등학교 2학년 남자아이였습니다. 학교 담임선생님이 저희 센터에 직접 의뢰를 한 아이였죠. 아빠와 둘이 사는 한부모가정 아이인데, 학교를 마치면 어른의 보호를 받지 못하고 혼자 있게 되니 담임선생님이 전화를 하신 거예요. 아직 한글을 모를 정도로 학습적인 면에서도 관심과 지도가 필요한 상태였습니다.

민준이의 첫인상은 좀 어두웠습니다. 또래 아이들의 밝음을 찾아보기 어려웠어요. 시간이 흘러도 크게 달라지지 않았습니다. 센터에 출석은 잘했지만, 여전히 활짝 웃지 않았고 또래들과도 어울리지 않았습니다.

Q. 민준이가 말썽을 부리지는 않았나요?

A. 센터 안에서 크게 말썽을 부리지는 않았어요. 다만 한두 달 정도 지났을 무렵 갑자기 센터에 오지 않으면서 애를 먹이기 시작했습니다. 그날 담임선생님께 전화해 물어보니, 학교 마치고 바로 센터에 간다고 했다더군요. 그런 아이가 나타나지 않아서 찾으러 다녔습니다. 그런데 이 녀석이 글쎄, 혼자서 동네를 배회하고 있더라고요. 뭘 하려는 것도 아니고, 목적 없이 쏘다니고 있었던 겁니다. 왜 센터에 안 왔냐고 물었더니, "재미없어서요"라고만 통명스럽게

대답하더군요. 뭐, 그 마음 십분 이해할 수 있었습니다. 학교에서도 하기 싫은 공부를 또 해야 했으니까요. 마음이 잘 맞는 친구도 없고.

그날 이후로 거의 매일 같이 민준이와 숨바꼭질을 해야 했습니다. 학교를 마치고 센터로 와야 할 아이는 동네를 빙빙 돌고, 저는 그 아이를 찾기 위해 빙빙 돌고……. 담임선생님과 의논해 보았지만, 선생님도 딱히 손을 쓸 수가 없었습니다. 민준이는 언제나 센터에 바로 가겠다고 약속해서 선생님을 안심시켰으니까요.

Q. 민준이에게 재미없다는 것 말고 혹시 다른 사정은 없었을까요?

A. 있었어요. 안타깝게도 아빠에게 매를 맞고 있었죠. 더 안타까운 것은 아빠도 아들을 때리는 것에 대해 자책하고 괴로워하고 있었다는 점이에요. 아빠는 일하면서 홀로 육아까지 해야 하는 데서 오는 스트레스를 민준이에 대한 폭력으로 풀었던 거죠. 다행히 아빠는 그 원인을 누구보다 잘 알고, 또 인정하고 있었기 때문에 개선의 여지가 있었습니다.

민준이가 3학년이 되면서 실제로 조금씩 나아지기 시작했습니다. 아빠의 폭력의 빈도와 정도가 줄어들었고, 민준이가 동네를 배회하는 일도 줄어들었습니다. 자연스럽게 저뿐만 아니라 센터의 모든 선생님들이 희망을 품게 되었죠. 하지만 그렇게 희망이 싹트고 얼마 지나지 않아 민준이는 멀리 이사를 가게 되었습니다. 시골에 사는 할머니와 같이 지내기로 했다면서요. 참 여러 가지 감정이 들더군요. 이제 겨우 잘 지내기 시작했는데 떠난다고 하니……. 민준이도 헤어지면서 무척 아쉬워하더라고요.

Q. 시골에 내려간 민준이는 어떻게 지냈나요?

A. 자주는 아니지만 꾸준히 아빠와 전화 통화를 했습니다. 민준이는 잘 지내고 있다는 소식을 어김없이 전해주더군요. 하지만 이건 말하기 참 조심스러운데, 한 번도 민준이와 직접 통화하지는 못했어요. 늘 지금 집에 없다거나, 학원에 갔다는 대답만 아빠에게 들어야 했습니다. 민준이 목소리를 한 번도 듣지 못해서 솔직히 조금 걱정이 되기도 했어요. 그래도 뾰족한 수가 없었습니다. 아빠가 전하는 안부를 믿는 것 외엔.

다시 1년이 지나고 해가 바뀌면서 더는 연락을 안 하게 되었습니다. 제가 게으른 탓도 있지만, 저도 이직을 고민하게 되면서 신경을 쓰지 못했어요. 민준이가 지금쯤은 청소년이 되었을 텐데, 밝고 건강하게 지냈으면 좋겠네요.

새내기 사회복지사가 그리는 내일

백희설(가명) 사회복지사는 서울의 한 노인복지관에서 일하고 있는 사회복지사다. 사십 대 초반인 그녀는 6개월 차에 접어든, 나이 많은 새내기다. 여러 가지가 익숙하지 않은 새내기 사회복지사가 일하면서 느낀 점을 들어보자.

Q. 사회복지사의 매력은 무엇이라고 생각하나요?

A. 일한 시간이 길지 않아 아직 매력을 다 파악하진 못했지만, 제가 사회에 보탬이 되고 있다는 보람을 느끼고 있어요. 다른 사람을 돕는 일이 차츰 생활화되고 있다는 느낌이 드는데, 이런 느낌들이 곧 사회복지사의 매력이 아닐까 싶어요. 저 자신이 '오늘은 어제보다 더 나은 사람'이 되고 있다는 생각도 솔솔 드는데, 이걸 자부심이라고 표현하고 싶네요. 어떤 직업이든 직업을 통해서 자부심을 얻는다는 건 참 매력적인 일이에요.

Q. 노인복지관에서 어떤 일을 하고 있나요?

A. 어르신 취업 상담을 하고 있어요. 노년을 맞아 새로운 인생을 살 수 있도록 취업 알선을 하고, 취업하고 잘 지내시는지 사후관리도 합니다. 어르신에게 재취업은 상당한 용기가 있어야 하는 일이에요. 평생 업으로 삼았던 일을 떠

나 전혀 새로운 일을 해야 하는 경우가 꽤 많거든요. 낯선 일을 배우는 것도, 배운 다음 현장에서 적응해야 하는 것도 어르신들에게는 어려운 숙제입니다.

Q. 일하면서 느끼는 어려움이 있다면?

A. 아무래도 어르신들 세대는 여자보다 남자가 사회생활을 더 많이 한 게 사실인데요. 그래서 오히려 남자 어르신들이 은퇴 뒤에 찾아오는 공허함과 무료함을 견디기 힘들어하세요. 크게 달라진 환경 변화가 주는 스트레스라고 할 수 있죠. "집에서 노는 것도 하루 이틀이지 우울증 걸리겠어요" 하고 하소연하는 분들도 있답니다. 이런 분들에게 다시 활기를 불어넣는 것부터가 쉽지는 않아요.

일단 활기를 되살리는 데 성공해도 재취업의 현실로 깊이 들어가면 또 다른 어려움에 부딪힙니다. 당신이 은퇴 전에 하던 일과 수준이 맞는 직업, 그에 버금가는 조건의 직업을 원하시는데, 그것을 찾기가 어려운 거죠. 어르신 재취업 시장의 현실이 만만치 않거든요. 가령 어르신이 전문직을 원하셔도 저로선 경비원을 권유할 수밖에 없는 게 현실이에요. 직업에 귀천이 없다지만, 전문직으로 왕성하게 활동했던 사람에게 경비원이라는 직업이 매력적으로 다가오기는 힘들 겁니다. 그게 인지상정이죠.

어르신 입장에서는 새로운 일을 하면서 새 삶을 살아야 하는 현실, 즉 사회복지사의 권유를 받아들여야 하는 현실을 인정하는 일이 결코 쉽지 않아요. 정말 큰 용기가 필요한 일이죠. 그 용기를 심어 드리는 게 저의 일인데, 아직 능숙하지 않은 탓인지 좀 어렵네요.

Q. 사회복지사로서 보람을 느끼는 때는 언제인가요?

A. 일단 어르신이 재취업에 성공했을 때 보람을 느낍니다. 일에 무난하게 적응하고 직장에서 즐겁게 지낸다는 소식을 전해주실 때 또 보람을 느끼죠. 아, 마침 경비원 이야기가 나왔으니 그 예를 들어볼게요. 재취업 현실을 받아들이고 경비원에 도전한 어르신 중에는 적응에 실패하고 얼마 못 가 그만두는 분들도 있어요. 갑질, 텃세, 낮은 임금 등의 이유로 도전을 포기하시는 거죠.

그런데 정말 고맙게도 이분들이 금방 기운을 차리시더라고요. 비록 첫 도전에서는 중도 포기했지만, 재취업에 성공했다는 경험이 다시 일어설 힘이 되어준 거예요. 실패의 아픔을 딛고 일어서는 그 모습에서 또 찐하게 보람을 느낍니다. 제가 미약하나마 도움을 드린 것 같아서요.

Q. 사회복지사로 계속 일할 생각인가요?

A. 네! 저 역시 중년에 접어들면서 사회복지사를 '제2의 인생'으로 삼았어요. 이건 좀 부끄러운 이야기인데, 어린 나이에 사회복지사를 시작했다면 다른 마음을 먹었을지도 모르겠어요. 늦은 나이에 시작한 게 오히려 도움이 됐다고 생각해요. 조금이나마 사람의 마음을 헤아릴 수 있는 눈을 뜨고 시작했다고나 할까요? 그 눈으로 어르신의 처지를 좀 더 살피게 되니까 저도 모르게 열심히 하더라고요. 아, 삼십 대 때 잠깐 어르신을 대상으로 한 실버영화관에서 일한 적이 있는데, 그 경험도 도움이 되고 있어요. 그때 사람을 응대하는 지혜를 조금 얻었다고나 할까요? 이야기를 잘 들어주고, 공감해 주는 지혜. 사회복지사에게는 이 지혜가 참 중요해요.

어르신들의 모습이 미래 제 모습이라고 생각해요. 오늘의 저는 어르신을 돕는 입장이지만, 내일의 저는 도움을 받는 입장이 될 수 있잖아요. 그런 생각을 하면 대충 일할 수가 없어요. 하루하루, 한 분 한 분에게 최선을 다해야만 합니다.

사회복지사로 설계하는 제2의 인생

강현주(가명) 씨는 사십 대 후반의 예비 사회복지사다.

두 자녀의 엄마이자 주부인 그녀는 사회복지사 2급 자격증을 갖고 있지만 아직 현장에 뛰어들지는 않았다. 그렇지만 예비 사회복지사로서 미래의 예비 사회복지사인 청소년에게 도움이 될 이야깃거리를 잔뜩 품고 있다.

Q. 사회복지사 자격증에 도전한 동기는 무엇인가요?

A. 사회복지사 자격증이 '경단녀(경력단절여성)' 필수 자격증이란 말을 듣고 고개가 끄덕여졌어요. 저에게 어울리는 자격증이란 생각이 들었다고나 할까요? 저는 대학 시절 장애인을 돕는 동아리에서 활동했습니다. 큰 역할을 한 건 아닌데, 사회생활을 시작하기 전 장애인들과 함께한 시간은 소중한 경험이 됐죠. 세상과 사람을 바라보는 눈이 한층 더 깊어졌거든요. 스스로 이런 말하긴 좀 쑥스럽지만, 장애인과 함께하는 게 '적성에 맞았다'라고 표현해도 괜찮을 것 같아요. 아무튼 그때 사회복지사가 되어야겠다고 결심한 건 아니지만, 사회복지에 대해 어렴풋이 생각하게 되었습니다.

세월이 흘러 두 아이의 엄마가 된 뒤 성 프란치스코 장애인복지관에서 자원봉사를 했어요. 여성 발달장애인과 친구가 되어 주는 것! 친구로 맺어진 발달장애인은 저와 같은 아이 엄마였어요. 처지가 비슷해서인지 우리는 금방 친해

졌습니다. 보통은 제가 반찬을 만들어서 가정에 방문하는데, 친한 친구 사이처럼 외식도 즐겼어요. 자녀에 대한 고민도 나누고, 여자들만 공감할 수 있는 소소한 이야기도 나누고.

사회복지사 자격증 시험에 도전하게 된 바탕에는 대학 시절 동아리 체험과 장애인복지관 자원봉사 체험이 자리하고 있어요. 저에게 잘 맞고, 제가 잘할 수 있는 일은 사회복지사라는 생각을 품게 한 힘이죠. 물론 경단녀로서 할 수 있는 일로 사회복지사가 알맞겠다는 생각도 동기가 됐지만, 이 생각의 비중은 그리 크진 않아요.

Q. 대학에서 사회복지학을 전공했나요?

A. 전공은 영어영문학이에요. 그래서 학점은행제를 이용해 사회복지사 2급 자격증을 땄어요.

Q. 자격증 취득을 위해 이수해야 할 실습 과목에서 어려운 점은 없었나요?

A. 실습 자체가 어렵진 않았어요. 다만 발달장애인을 도울 수 있는 곳에서 실습하고 싶었는데, 그걸 이루지 못한 게 아쉬워요. 저는 아이들 공부방에서 실습했어요. 물론 아이들과 함께한 시간도 귀한 체험이지만, 아쉬움이 남는 건

어쩔 수 없더라고요. 사회복지사에 도전한 목적이 발달장애인을 돕는 거라서……. 제도적으로 보완이 필요한 점이라 생각해요. 정해진 기간 안에 실습을 마쳐야만 하니, 많은 사회복지사 지망생이 어쩔 수 없이 빈자리가 나는 곳에 허겁지겁 지원하는 게 현실인 것 같아요.

실습보고서도 필요하지만 조금 비중을 줄였으면 하는 바람도 있네요. 보고서보다는 말 그대로 몸으로 부딪치는 '실습'에 더 비중을 둔다면 좋겠어요. 개인적으로 보고서 쓰는데 에너지를 많이 소비해서 그런지 아쉬움으로 남아요.

Q. 취업에 바로 도전하지 않은 이유는 무엇인가요?

A. 초등학생인 두 자녀를 우선할 수밖에 없어요. 남매를 키우고 있는데, 엄마의 손길이 중요한 때라 취업은 잠시 미뤄두었습니다. 어쨌든 9시부터 6시까지는 직장에 충실해야 하는데, 그 시간 엄마의 빈자리를 채워줄 무언가를 찾기 어려웠어요. 아빠도 직장에서 여유롭지 못한 편이고.

그래도 나름대로 사회복지사로 일할 준비는 꾸준히 하고 있습니다. 서울시 복지 사업인 '보람일자리'에 지원해 발달장애인주간보호센터에서 파트타임으로 일하고 있거든요. 지금 맏이인 아들은 중학교 1학년, 막내인 딸은 초등학교 5학년이에요. 저는 쉰을 바라보고 있고요. 오십 대가 되면 적극적으로 취업에 나설 생각입니다. 그때는 엄마가 잠시 자리를 비워도 우리 아이들 모두 꿋꿋하게 지낼 수 있을 테니까요.

Q. 자녀들에게 사회복지사를 직업으로 권하고 싶은가요?

A. 네. 부모가 자식을 다 알 수는 없지만, 저는 적어도 우리 아이들의 마음씨는 알아요. 배려를 소중하게 여기는 아이들이거든요. 공감도 할 줄 알고요. 아들도, 딸도 사회복지사가 된다면 성실하고 정직하게 일할 거라 믿어요. 경제적으로도 사회복지사란 직업이 괜찮다고 생각해요. 큰돈을 버는 직업은 아니지만, 꾸준히 일하면 안정을 얻을 수 있거든요. 이건 오랫동안 일한 주변의 사회복지사들을 통해 얻은 정보예요.

세계 여러 나라의 사회복지사

미국의 사회복지사

미국에서 사회복지사로 일하려면 세 가지 관문을 통과해야 한다. 사회복지학 학사학위 이상 취득, 실습, 자격시험이다. 주마다 세부 내용은 조금씩 다르지만 큰 틀에서 볼 때 세 가지 관문으로 구성되어 있다는 점은 동일하다.

뉴욕주의 경우엔 사회복지사 유형이 공인사회복지사와 공인임상사회복지사 두 가지로 나뉘는데, 두 유형 모두 사회복지학 석사학위가 필수다. 여기서 공인임상사회복지사란 사례관리라는 기본적인 사회복지사의 역할 외에 임상서비스까지 제공하는 사회복지사를 뜻한다. 즉, 개인, 가족, 기타 소집단을 대상으로 사회성 향상, 대인관계 형성, 심리치료까지 할 수 있는 직업이 사회복지사다.

현재 미국에서는 사회복지사 자격시험에 대한 기틀을 바꾸려는 움직임이 일어나고 있다고 한다. 그 계기는 인종별 합격률이다. 한국사회복지협의회의 인터넷 신문 〈복지타임즈〉의 2023년 7월 21일 자 기사 〈[세계] 미국: 사회복지사 자격제도와 자격시험〉에서는 관련 내용을 상세히 전하고 있다. 해당 기사에 따르면, 2018~2021년 미국의 사회복지사 자격시험 합격률은 백인 91%, 아시아인 80%, 히스패닉 및 라틴계 77%, 원주민 74%, 흑인 57%였다.

미국의 일부 사회복지사들은 이 통계가 단순히 응시자의 문제가 아니라고 주장한다. 인종별로 합격률 차이가 큰 것은 자격시험의 설계 자체에 문제가 있다고 역설한다. 특히 미국에서는 20%의 인구가 영어가 아닌 다른 언어를 쓰는데도 자격시험을 영어로만 보는 것부터가 차별이라고 강조한다.

물론 반론을 펴는 사람도 있다. 이들은 자격시험 설계 자체에 문제가 있다는 주장의 근거가 부족하다고 한다. 인종별로 합격률이 다른 것은 문화적 차이가 핵심 원인이라고 주장한다. 두 가지 주장이 팽팽히 맞서는 상황에서 일리노이주는 자격시험을 폐지했다. 이후 새로운 제도를 만들기 위해 노력하고 있다.

중국의 사회복지사

중국에서는 사회복지사를 '사회공작자'라고 부른다. 사회공작자의 자격은 초, 중, 고 3등급으로 분류되어 있다. 사회학, 경영학, 공중보건, 윤리 등의 시험을 치러 선발한다. 사회공작자 자격시험은 2008년에 처음 시행되었다. 당시 응시 인원은 133,000명 정도로 볼품없었다.● 사회공작자에 대한 관심도 적었고, 이 직업을 하찮게 여기는 분위기도 팽배했다.

사실 중국에서는 사회복지에 대한 개념이 탄탄하지 않았다. 1949년 중국이 사회주의로 돌아서며 사회주의 국가에는 사회 문제가 있을 수 없다는 국가의 의지가 큰 영향을 미쳤다. 중국은 이미 있던 대학의 사회복지학과를 없앨 정도였다.

그런데 1979년 무렵 개혁과 개방이 실시되며 다시 사회복지에 대한 개념이 움트기 시작했다. 빈곤, 실업, 가정 붕괴 같은 사회 문제, 사회발전 속도를 따르지 못하는 정부 복지 서비스의 한계 등이 대두되며 사회복지의 필요성이

●　일요신문, <취업 잘되고 전망도 좋아… 중국 사회복지사 뜨는 이유>, 2022년 9월 30일

제기되었다. 아울러 이를 담당할 전문가인 사회복지사가 필요하다는 인식도 강해졌다. 이에 다시 대학에 사회복지학과가 생겨나기 시작했고, 2008년에 이르러 국가 자격시험 제도까지 만들어진 것이다.

그리고 2024년 6월 18일. 사회공작자 시험에 190만 명이나 응시했다는 소식이 조선비즈 〈中 청년 190만 명 몰렸다… 요즘 중국에서 인기 폭발한 이 직업〉이란 기사를 통해 전해졌다. 190만 명이란 숫자는 역대 최대치이며, 구직난으로 사회공작자 인기가 급증하고 있다는 소식도 알렸다. 또한 응시자는 대부분 사십 대 미만의 젊은 층이었다. 2022년 시험의 응시자는 약 90만 명이었다. 이때도 엄청난 응시자 수가 화제가 되었다. 그런데 2년 만에 두 배 넘게 늘어난 것을 보면 사회공작자의 인기가 폭발적이라는 표현이 딱 어울린다.

중국은 2030년 초고령화사회● 진입을 앞둔 상태다. 노인 문제가 갈수록 커지고 있다. 또한 청년실업 문제도 해결될 기미가 보이지 않고 있다. 농촌의 현대화가 가속화되면서 농촌 복지의 중요성도 높아지고 있다. 한마디로 사회공작

● 65세 이상 연령층이 총인구의 20%를 차지하는 사회를 가리킨다.

자가 활동해야 할 분야가 넓어지고 있는 셈이다. 이런 현실은 여러모로 우리나라와 비슷하다. 우리나라도 사회복지사 자격증 취득자가 늘어나고 있는데, 그 배경은 중국의 그것과 크게 다르지 않다.

일본의 사회복지사

일본에서는 국가자격시험으로 사회복지사를 선발한다. 우리나라처럼 등급은 나누지 않는다. 또 복지 관련 학과에서 사회복지학을 전공했더라도 시험을 치러야 한다. 우리나라의 사회복지사 1급 자격증이 시험을 통해서 취득할 수 있는 것과 같은 환경이다. 한편 별도로 정신보건복지사 제도를 두고 있는데, 이는 우리나라의 정신보건사회복지사 제도와 비슷하다. 하는 일도 크게 다르지 않다.

일본의 사회복지사 자격제도는 1987년에 시작되었다. 국가자격시험은 2년 뒤인 1989년부터 시행되었다. 1985년에 고령자 비율이 10%를 넘어서면서 실버 서비스 및 복지 서비스의 정비가 필요했고, 그에 따라 사회복지사 자격제도와 시험 제도를 마련한 것이다.

그런데 일본은 우리나라처럼 사회복지기관에 사회복지사를 반드시 두어야 한다는 규정이 완전히 정립되지 않았다고 한다. 때문에 우리나라의 주민센터에 해당하는 복지사무소에서도 사회복지사 자격증이 없는 사람이 사회복지 업무를 하고 있다. 우리나라의 경우 사회복지사 자격증이 있는 사회복지전담 공무원만이 사회복지 업무를 할 수 있다. 사회복지에 관한 정부의 투자나 사회복지사 배출 인원을 볼 때 뜻밖의 현상이라고 볼 수 있다.●

● 복지타임즈, <일본, 사회복지사 26만 명… 내년부터 양성 커리큘럼 강화>, 2021년 6월 22일

4장
사회복지사에게
어떤 미래가 펼쳐질까?

사회복지사의
현재

오늘의 문제와 씨름 중

100세 시대라는 말이 이제는 일상화되었다. 물론 이 말은 대다수 사람이 지금 100세까지 살고 있다는 뜻은 아니다. 그만큼 장수하는 사람들이, 또 평균수명이 늘어났다는 것을 비유한 표현일 뿐이다. 통계청이 발표한 2022년 기준 평균수명은 82.7세다. 성별로 보면 여자는 85.6세, 남자는 79.9세다. 2013년의 평균수명은 81.4세(여자 84.6세, 남자 78.6세)다. 평균수명은 계속 증가세를 보이다가 2021년에 83.6세로 정점을 찍었고, 2022년에 잠시 주춤했다. 전체적으로 갈수록 증가한다고 볼 수 있다. 오래 사는 노인이 늘고 있고, 100세를 넘기는 노인도 늘고 있다.

서울 강남구청 어르신복지과에서는 2024년 7월부터

100세 이상 어르신에게 '장수축하물품'을 전하는 복지 사업을 시행했다. 100세 이상 강남구민이 95명이나 되어 "활력 있는 100세 시대"를 지원하고자 이 사업을 기획했다고 한다.● 만약 100세 이상 노인이 서너 명에 불과했다면 이 복지 사업은 기획되지 않았을지도 모른다. 통상적인 노인 복지 서비스를 지원하는 데서 그쳤을 수 있다는 말이다. 100세 시대, 즉 장수 시대는 긍정적인 면만 있는 건 아니다. 몸과 마음의 건강 문제, 안전 문제, 경제 문제 등의 그림자도 있다. 이것은 오늘의 사회복지사들이 헤쳐나가야 할 당면 과제다.

많은 사회복지사가 이 당면 과제를 해내기 위해 애쓰고 있다. 웃음 치료나 당뇨 관리 같은 건강관리프로그램, 낙상 예방 물품 설치 및 지원 같은 안전복지사업, 어르신 재취업 같은 경제복지사업 등은 모두 사회복지사들의 땀으로 이루어지는 복지 사업이다. '복지'란 낱말의 뜻이 '행복한 삶'이라는 것을 기억하자. 오늘의 문제를 해결하지 않고서는 지금 행복하게 살기 어렵다. 행복한 삶은 먼 내일의 이야기로 떠돌 뿐이다.

● 연합뉴스, <강남구 '100세 어르신께 장수 축하 선물 드려요'>, 2024년 6월 27일

오늘, 더 나은 복지를 생각한다

사회복지사는 국민건강보험공단에서도 일한다. 주로 국민건강보험공단에서 주관하는 노인장기요양보험에 관한 업무를 한다. 건강보험제도는 우리나라의 주요 복지 제도 중 하나다. 이와 연관된 노인장기요양보험은 고령화 사회를 살아가는 노인과 그 가족에게 혜택을 주는 복지 제도다. 이 제도에 따라 65세 이상 노인, 치매나 뇌혈관질환 등 노인성질병을 앓는 65세 미만의 사람은 신체 활동 지원이나 금전적 지원을 받을 수 있다.

노인장기요양보험 혜택을 받으려면 수급자로 적격한지 판정을 받아야 한다. 민향숙 사회복지사는 국민건강보험공단에서 일하면서 이 판정 관련 업무를 했다. 그녀는《사회복지사 이야기 3》의 공동 저자 중 한 명이다. 민향숙 사회복지사는 매일 노인장기요양보험 신청자를 만나러 다녔다. 만나서 상담하고, 조사했다. 이 업무를 '인정조사'라고 하는데, 인정조사 결과는 수급자 판정에 중요한 자료가 된다. 때때로 판정 결과에 불만을 품은 신청자와 갈등을 빚기도 하기에 심혈을 기울여야 한다.

민향숙 사회복지사는 업무를 하면서 느낀 문제점을 〈보험회사 다니세요?〉라는 글에 진솔하게 적었다. 먼저 노인장기요양 기관들의 서비스 격차다. 기관들이 표준화된 서비스의 질을 확보해야 수급자의 만족도가 높아질 것이라 했다. 서비스를 제공하는 요양보호사가 전문 인력으로 인정받지 못하는 현실도 지적했다. 노인에게 실질적인 돌봄 서비스를 제공하는 요양보호사의 열악한 처우는 결국 서비스의 질을 떨어뜨린다. 마지막으로 수급자가 적절하게, 또 효과적으로 제도를 이용할 것도 주문했다. 이렇게 삼박자가 맞을 때 노인장기요양보험 제도가 한층 더 활성화되고 안정될 것이라고 했다.

《사회복지사 이야기 3》의 또 다른 공동 저자 길충민 사회복지사. 그는 국제개발협력● 모금 운동 기관인 지구촌나눔운동에서 일한 경험을 〈국제개발 모금 홍보에서 사람을 바라보는 방법〉이란 글에서 소개했다. 홍보 업무를 하는 길충민 사회복지사에게는 고민이 있다. 바로 '빈곤 포르노'에 대한 고민이다. 빈곤 포르노란 모금 유도를 위해 가난을 자극적으로 묘사한 영상과 사진을 가리킨다. 길충민 사회복지사는 이 말이 실무자들의 마음에 상처가 되고 딱지로 내려앉았다고 한다. 하지만 실적에 대한 부담 때문에 어쩔

●　가난한 나라의 빈곤 문제를 해결해 인간의 기본권을 지키려는 국제사회의 노력과 행동

수 없이 받아들인다고 한다. 동정심을 유발하는 영상과 사진을 썼을 때 실제로 모금액이 더 커지며, 모금액이 없으면 모금 기관은 존재할 수 없기 때문이다.

길충민 사회복지사는 모든 모금 기관의 사회복지사들이 빈곤 포르노에서 벗어나지 못하는 현실의 문제점을 인식하고 대안을 고민해야 한다고 말한다. 지금은 그래야 할 시기라고 주장한다. 활동가, 후원자, 복지 대상자 모두가 만족할 수 있는 사진 및 영상 콘텐츠를 개발하는 데 더 힘쓰자고 역설한다.

민향숙, 길충민 두 사람은 오늘 행해지고 있는 복지 서비스의 개선점을 고민하는 사회복지사들이다. 많은 사회복지사가 비슷한 고민을 하고 있다. 그 고민은 결국 더 나은 내일의 복지 서비스를 만드는 데 밑거름이 된다.

사회정의 실현을 위해서

사회복지사 선서문에는 "사회정의의 신념을 바탕으로, 개인·가족·집단·조직·지역사회·전체사회와 함께한다"라는 문구가 있다. 오늘 우리의 사회복지사들은 사회정의를 위해 애쓰고 있다. 그중 한 가지는 기후위기가 유발하는 사회 문제를 해결하려는 노력이다. 경향신문 2022년 11월 14일 자 기사 〈사회복지사가 보는 기후위기는 불평등의 문제〉에서 그 노력의 모습을 확인할 수 있다.

해당 기사의 주인공은 김혜미 사회복지사다. 녹색전환연구소 운영실장이기도 한 그녀는 기후위기가 끼치는 영향을 불평등의 문제라고 해석했다. 돈 있는 사람들은 비싼 차, 에어컨 등으로 탄소배출을 하며 살고 있고, 돈 없는 사람들이 그 탄소배출의 피해를 떠안고 산다는 뜻이다. 실제로 비정상적인 폭우로 침수 손해를 입는 사람은 반지하에 사는 취약계층이다. 폭염으로 인한 온열질환 환자, 그로 인한 사망자 역시 열악한 주거 환경에 있는 사람이나 집 없는 사람이다. 불평등이 그려내는 참상은 더 이상 낯설지 않다. 이 참상을 지우는 것이 사회복지사들이 꿈꾸는 사회정의다.

김혜미 사회복지사뿐만 아니라 많은 사회복지사가 기후위기 문제를 불평등으로 받아들인다. 또 사회복지의 영역에서 다루어야 할 문제로 여긴다. 그리고 이를 해결하기 위해 행동하고 있다. 사회복지사 단체인 '세상을 바꾸는 사회복지사' 회원들은 '기후정의 행진'에 참여했고, 녹색전환연구소는 전 세계가 기후위기를 일으키는 원인을 해결하는 데 돈을 써야 한다고 목소리를 높였다. 2024년 6월 전북의 완주군사회복지사협회에서는 '기후위기와 복지'를 주제로 80여 명 사회복지사들에게 교육을 실시했다. 이렇게 행동하는 모습이 오늘날 사회복지사들의 모습이다.

바로 지금, 사회복지사의 복지

워크넷의 2021년 조사 자료에 따르면, 사회복지사의 임금 수준은 다음과 같다.

- 하위(25%): 연 2,723만 원
- 중위(50%): 연 3,104만 원
- 상위(25%): 연 3,574만 원

냉정하게 말해 높은 임금 수준은 아니다. 같은 해 경찰 공무원의 임금 수준은 하위(25%) 3,315만 원, 중위(50%) 3,900만 원, 상위(25%) 4,662만 원으로 나타났다. 흔히 월급이 낮다고 알려진(실제 경찰공무원의 임금 수준은 다른 분야 공무원보다 높은 수준) 경찰공무원의 중윗값보다 사회복지사의 상윗값이 더 낮다.

낮은 임금은 사회복지사의 큰 고민거리 중 하나다. 가치 있고 보람 있는 일을 한다는 만족감으로 가벼운 주머니를 채우고 있는 사회복지사가 적지 않다. 당장의 생계를 유지 못 할 정도는 아니지만, 저축, 투자 등으로 목돈을 만들고 안정적 미래를 설계하기에는 모자라는 돈이다. 경제적 안정은 사회복지사뿐만 아니라 모든 직업인에게 중요한 부분이다. 경제적으로 안정되면 일상은 물론 직장에서도 더 활기차고 적극적으로 일할 힘이 생긴다. 달리 말해 경제적으로 불안정하면 업무 의욕도 떨어질 수 있다는 뜻이다. 의욕이 떨어진 상태에서는 업무 성과를 기대하기 어렵다.

경제적으로 넉넉하지 않은 상태에서 다른 애로사항까지 겹치면 업무 의욕은 더 곤두박질치기 마련이다. 가령 사회복지사가 복지 대상자를 상대하다 사고가 생겨 배상해야 할 상황에 처한다면 사회복지사의 어깨는 한없이 무거워진다. 더구나 혼자 무거운 짐을 이고 가야 하는 상황이라면 삶의 행복은 깨어지고 만다. 사회복지사의 '복지'가 무너지는 것이다.

오늘 사회복지사들의 복지가 최상이라고 말하기는 아직 어렵다. 나만 과거보다는 많이 좋아졌으며, 앞으로 더 나아질 것으로 전망된다. 실례로, 한국사회복지공제회 같은 단체가 사회복지사들의 복지를 돕고 있는 것을 근거로 들 수 있다. 한국사회복지공제회는 2012년 정부에서 사회복지사를 위해 설립한 법인이다. 장기저축급여, 목돈수탁급여 등의 사업을 통해 사회복지사들의 경제적 걱정을 덜어주고 있다. 또한 각종 배상책임공제사업을 둠으로써 사회복지사들이 마음 놓고 일할 수 있도록 돕고 있다. 한 예로, '아동보호전문기관 배상책임공제'를 꼽을 수 있다. 이 사업은 아동보호전문기관 사회복지사들이 업무 수행 중 과실, 부주의 등으로 제3자에게 손해를 입혔을 때 민법상의 배상책임 및 형법상의 소송비용을 지원하는 사업이다.

한편 사회복지사들의 단체인 한국사회복지사협회도 처우 개선을 위해 부지런히 노력하고 있다. 현재 국민연금공단에서는 사회복지사 채용을 점점 늘려가는 중이다. 국민의 노후를 책임지는 국민연금 제도를 비롯해 국민연금공단의 여러 업무가 사회복지와 관계가 깊은 업무이기 때문이다. 이들 업무에는 전문가, 즉 사회복지사가 적격이다. 이런 분위기에 따라 국민연금공단과 한국사회복지사협회는 2019년 업무 협약을 체결했다. 쉽게 말해 서로 협력해서 일하기로 약속했다는 말이다. 업무 협약에 따라 국민연금공단은 사회복지사를 통한 복지 서비스 강화와 공단의 신뢰도를 높일 수 있게 되었다. 사회복지사 입장에서는 일자리 증가, 권익 증진의 이익을 얻게 되었다.

사회복지사의
미래

사회복지사의 일자리 전망

워크넷의 2021년 자료 '전문가가 분석한 일자리 전망'에서는 앞으로 5년 동안 사회복지사의 고용은 증가할 것으로 내다보았다. 사회가 발전함에 따라 복지 및 삶의 질 향상에 대한 욕구도 높아지고, 이를 채워줄 복지 정책의 확대와 더불어 복지 전문가인 사회복지사의 수요가 늘어나리라 분석한 것이다. 다만 고용 증가율이 대폭 늘어날 것으로 예상하지는 않았다. 연평균 2.7퍼센트 정도 증가할 것으로 예측했다.

고용 증가율이 크지 않은 이유로 먼저 우리나라의 사회복지 수준을 꼽을 수 있다. 우리나라의 사회복지 수준은

OECD● 국가들 중 매우 낮은 수준이다. 국가적으로 사회복지 정책을 더 확대하고 부각시킬 필요가 있다. 사회복지사의 낮은 임금 수준, 열악한 처우 등도 고용 증가율에 영향을 미치는 주요 요인이다. 많은 사회복지사가 욕설, 비하, 원망 등에 시달리고 있다. 그런데 임금마저 높지 않으면 업무 의욕은 떨어질 수밖에 없다. 업무 의욕이 떨어지면 자연히 업무 성과도 덩달아 떨어지게 된다.

국가적 차원에서의 사회복지 정책의 확대와 부각은 점점 실현되고 있다. 출산율 저하, 고령화의 가속화, 자살 증가, 다문화가정의 증가, 군인의 인권 침해 등 갈수록 사회 문제들이 다양해지면서 사회복지 정책도 발맞춰 다양해지고 있다. 이는 분명 사회복지사 고용 면에서는 청신호다.

사회복지사의 노동 환경도 한 걸음씩 좋은 환경을 향해 나아가는 중이다. 앞서 언급한 한국사회복지사협회, 한국사회복지공제회 등의 활동을 상기하자. 또한 2024년 9월에는 권익지원센터도 설치되었다. 보건복지부에서 설립한 권익지원센터를 통해 사회복지사들은 인권, 노무, 법률 관련 지원을 받을 수 있다.

●　전 세계 38개 회원국으로 이루어진 경제협력개발기구

사회복지사는 지금도 발전하고 있다. 속도가 더디다고 해서 발전을 평가절하해서는 안 된다. 천천히 발전하면서 내실을 다지고 있기 때문이다. 사회복지사의 미래는 결코 어둡지 않다. 충분히 도전할 만한 가치가 있다.

내일은 보편적 복지

행복한 삶은 가난한 사람, 몸이 불편한 사람, 학대받는 사람에게만 필요한 것은 아니다. 평범하고 무난하게 살고 있는 사람에게도 필요하다. 누구에게나 행복할 권리가 있다. 즉 누구에게나 복지를 누릴 권리가 있다. 우리 모두가 복지 대상자가 될 자격이 있다는 이야기다. 물론 복지의 우선순위는 어려운 처지에 있는 사람에게 두는 것이 옳다. 다만 곤경을 겪고 있지 않다고 해서 복지에서 소외돼도 된다는 뜻은 아니다. 복지의 궁극적 목적은 '선별적 복지'가 아닌 '보편적 복지'다.

서울 양천구의 한 종합복지관에서는 '우리동네마음센터'라는 복지 프로그램을 운영하고 있다. 정신건강 상담을 해주고 지역주민들끼리 관계를 맺어 주는 복지 서비스인데, 그 대상은 다음과 같다.

'마음의 어려움을 느끼는 주민 누구나'

이 복지관에서는 '우리동네다방'이란 복지 프로그램도

운영한다. 커피 만드는 법을 가르쳐 주는 수업으로, 배우고 싶은 마음만 있다면 주민 누구나 참여할 수 있다. 별도의 참여 조건은 없다.

우리동네마음센터, 우리동네다방. 이 두 프로그램은 보편적 복지를 지향한다. 누구에게나 열려 있는 프로그램이다. 보편적 복지는 현재 실생활에 제법 녹아 있다. 동네 주민을 초대하는 영화 상영, 무료 서예 강습, 무료 건강체조 같은 프로그램은 대체로 익숙할 것이다. 이들 프로그램은 장애인이나 취약계층처럼 어려움에 처한 특정 계층만을 대상으로 하지 않는다. 삶의 질을 높이고 싶은 사람 모두를 대상으로 삼는다. 정신적으로 여유롭고, 신체 건강하고, 물질적으로 넉넉하게 사는 사람도 본인 의지만 있으면 이용할 수 있다. 국민 모두가 복지 서비스를 받는 것, 그것이 바로 보편적 복지다.

보편적 복지는 점점 확대되고 있다. 이것은 사회복지사 입장에서는 해야 할 일이 점점 더 많아진다는 것을 의미하기도 한다. 일이 많으면 고용은 한층 더 안정을 찾을 가능성이 높다. 사회복지는 사회복지사의 전문적인 손길이 필요한 일이다. 보편적 복지를 위한 프로그램 개발, 개발 후 진행 및 관리가 스트레스로 다가올 수도 있겠지만, 분명 성취감도 안겨줄 것이다. 사회복지사 자신의 미래를 기대하며 일하기에 충분한 동기유발 요인이 될 것이다.

사회복지사가 그려가는 사회복지사의 미래

'경지'라는 말이 유행하고 있다. '느린 학습자'를 뜻하는 '경계선 지능인'을 비하하는 의도가 담긴 말이다. 공교육이 제 기능을 잃고 사교육이 학생들의 '학습'을 책임진 지 이미 오래다. 때문에 학력의 양극화가 굳어졌다. 느린 학습자는 사교육 시장에서도 배제의 대상이다. 사교육 기관들은 자체 평가와 학습 과정을 통해 엘리트를 양성하려는 쪽에 대부분 초점을 맞추고 있다. 공교육에서는 느린 학습자를 살뜰히 챙기지 못하는 것이 현실이다.

지능지수 71~84에 해당하는 느린 학습자는 지적장애인이 아닌 일반인에 속한다. 따라서 학교에서 다른 학생들과 똑같은 학습 과정을 밟는다. 고등학교의 경우 지적장애 학생은 특수학급에서 진로적성 탐색, 직업체험 등의 교육을 받을 수 있지만, 느린 학습자 학생은 일반 학급에서 대입에 치중한 교육을 받는다. 대다수 느린 학습자들이 자신의 특기와 적성도 모른 채 대입 교육에 휘말리다 입시에 실패한다. 나아가 고등학교 졸업 후 갈 곳 없는 처지에 놓이게 된다.

서민정 사회복지사는 경계선 지능인의 이러한 현실을 안

타까워하는 사회복지사 중 한 명이다. 그녀의 복받친 심정은 뉴스1의 2024년 6월 13일 자 〈"너 경지냐?"… 커뮤니티에 무심코 올린 이 말, 사회복지사 눈물 '왈칵'〉이란 기사에 고스란히 드러나 있다.

서민정 사회복지사는 남편에게 게임 커뮤니티에서 "너 경지냐?"라는 말이 쓰인다는 이야기를 듣고 울컥했다고 한다. 경계선 지능인을 모자란 사람으로 낙인찍는 조롱에 너무 속상했던 것이다. 서민정 사회복지사는 일반인들의 그런 인식이 틀렸다는 사실을 꼬집었다. 경계선 지능인도 올바른 교육만 받으면 일반인과 똑같이 생활할 수 있는 존재라면서.

'사회복지사의 미래'라는 관점에서 본다면 서민정 사회복지사가 울컥하는 모습은 사회복지사의 미래에 희망을 준다. 사회복지사는 가슴은 뜨겁고 머리는 차가워야 한다. 가슴이 뜨거워야 복지 대상자의 처지를 낱낱이 헤아릴 수 있고, 머리가 차가워야 알맞은 복지 서비스를 제공하고, 또 낭비도 하지 않을 수 있다. 어쨌든 우선해야 할 것은 뜨거운 가슴이다. 복지 대상자를 발굴하고 복지사각지대를 줄이려는 노력, 시대와 상황에 맞는 복지 서비스를 기획하려는 노력은 머리보다는 가슴에서 먼저 나온다.

뜨거운 가슴으로 일하는 사회복지사의 모습은 사회복지

사를 향한 인식을 개선하는 데 이바지한다. 우리 사회에는 여전히 사회복지사를 자원봉사자로만 보는 인식, 복지 자원을 중개해 주는 중개인으로만 보는 인식이 남아 있다. 그래서 사회복지사를 함부로 대하는 민원인이 일부지만 있다. 이는 현장에서 일하는 사회복지사들의 목소리다. 사회복지사들의 현재다. 그러나 뜨거운 가슴은 다른 이에게 공감과 감동을 불러일으킨다. 사회복지사들이 따뜻하게 일하면 사람들의 가슴은 움직일 것이다. 사회복지사를 바라보는 눈길이 달라질 것이다. 그 달라진 변화는 사회복지사의 미래를 밝게 만든다.

사회복지사의 업무 만족도

워크넷의 2021년 조사에 따르면, 사히복지시들의 업무 만족도는 100점 만점에 70.8점이다. 업무 강도, 열악한 업무 환경, 낮은 처우 등을 고려하면 만족도가 꽤 높은 편이다. 물론 이 결과를 받아들이는 마음은 개인마다 다를 수 있지만, 다른 직업과 비교할 때 만족도가 결코 낮지 않다. 아마도 업무에서 오는 남다른 보람과 좋은 일을 한다는 자부심이 만족도에 영향을 미쳤으리라 짐작할 수 있다.

앞 꼭지에서 다룬 경계선 지능인에 관해 좀 더 이야기해 보자. 많은 사회복지사가 느린 학습자에 대한 복지 지원이 더 커져야 한다는 의견에 공감하고 있다. 그리고 현재 지원 사업이 이루어지고 있다.

예를 들어, 서울 양천구의 한 복지관에서는 느린 학습자 아동과 청소년을 모집해 전문가를 통한 학습 능력 강화 및 사회적응력 향상 프로그램을 진행하고 있다. 공부를 통해 학습 능력을 키워주고, 여럿이 함께하는 제빵 수업, 만들기 수업 등을 통해 사회적응력을 길러준다. 또한 한국학교사회복지사협회가 주관하는 느린 학습자 지원 사업도 있다. 이 사업은 학교 현장에 직접 전문가를 파견해 느린 학습자의 공부와 학교생활을 도와주는 사업이다.

'경지'라는 비하 표현이 유행한 시기가 최근이듯 경계선 지능인에 대한 복지 사업이 주목을 받은 시기 또한 최근이다. 사회복지사들이 개입할 여지가 더 크다고 볼 수 있다. 자신이 주도해서 어떤 일을 할 경우 실패의 위험도 높지만 성공했을 때 오는 만족도는 더 높은 법이다. 또한 미개척 분야를 개척했을 때 주변의 박수와 칭찬은 더 뜨거워지기 마련이다. 이런 점에서 볼 때 경계선 지능인에 대한 복지는 사회복지사들에게는 밝은 미래를 열어갈 기회다. 그리고 주위를 더 세세하게 둘러보면 기회는 더 많을 것이다. 그 기회를 잡아 미래를 개척하는 것은 사회복지사 본인의 몫이다.

4차 산업혁명 시대와
사회복지사

4차 산업혁명 시대에 사회복지사가 뜬다

'4차 산업혁명'이란 말은 2016년 세계경제포럼(WEF)에서 처음 나온 말이다. 인공지능(AI), 빅데이터, 사물인터넷, 로봇 등이 주요 기술이며, 이 주요 기술들이 일으키는 혁신적인 산업의 변화를 4차 산업혁명이라 한다. 집 밖에서 조절하는 가정용 에어컨, 공공기관 홈페이지의 챗봇, 자율주행 자동차 등은 모두 4차 산업혁명 시대의 산물이다.

4차 산업혁명 시대의 주요 화두 가운데 하나는 '직업'이다. 가까운 예로, 요즘엔 키오스크로 주문을 하고 로봇이 서빙하는 음식점이 늘어나고 있다. 콜센터의 경우 인공지능 상담사가 인간 상담사를 대신하기도 한다. 번역도 인공지능이 해내는 상황이다. 즉, 식당 종업원, 전화상담사, 번

역가라는 직업이 타격을 받고 있다. 반면 인공지능전문가, 로봇공학자, 키오스크 제작자 같은 직업은 날개를 달게 되었다.

그렇다면 4차 산업혁명 시대에 사회복지사라는 직업에는 어떤 변화가 생길까? 영국 옥스포드 대학교의 칼 베네딕트 프레이 교수가 2013년 9월 발표한 논문 〈고용의 미래〉에 따르면, 사회복지 관련 직업의 '미래 직업 대체율'은 0.3퍼센트였다. 로봇이나 인공지능이 사람을 대체할 수 있는 부분이 0.3퍼센트에 불과하다는 의미다. 이런 이유로 사회복지사라는 직업은 4차 산업혁명 시대에도 안정적인 직업으로 손꼽힌다.

지금껏 알아본 사회복지사의 업무를 되새긴다면, 이 수치에 누구나 고개를 끄덕일 것이다. 복지 대상자를 발굴하고, 상담과 만남을 통해 마음을 열게 하고, 알맞은 복지 자원을 제공해 자립할 힘을 주는 일은 로봇이나 인공지능이 하기 힘들다. 이 일은 사람이 더 잘할 수 있다.

한국고용정보원에서 2016년에 발표한 자료 〈2015-2025 중장기 인력수급 수정전망〉에서는 2015년 약 76,800명인 사회복지사의 수가 2025년에 약 1,006,000명으로 증가할 것으로 전망했다. 아직 2025년의 수치를 집계할 수는 없지만, 실제로 사회복지사 수는 꾸준히 증가하고 있다. 2015년부터 인공지능은 점점 더 활발해지고 있지만 사회복지사는 타격을 입지 않았다. 예비 사회복지사 입장에서 긍정적으로 볼 점이다.

4차 산업혁명 시대의 사회복지사

2018년 한국고용정보원에서 발행한 〈4차 산업혁명 시대의 신(新)직업〉 보고서에서는 사회복지사를 4차 산업혁명 시대의 유망 직업으로 들었다. 그 근거는 양극화, 곧 빈부격차다. 4차 산업혁명 시대가 본격적으로 펼쳐지는 미래에는 양극화가 지금보다 더 심각해질 수 있다. 예를 들어, 인공지능 에어컨을 사용하는 고급 아파트 주민과 낡은 선풍기나 부채로 더위를 견뎌야 하는 쪽방촌 주민의 삶의 질 차이가 현저하게 벌어진다는 것이다.

사회가 고도화되고 첨단화될수록 자살, 정신질환 같은 사회문제도 늘어난다. 여러 가지 원인이 있겠지만 사회 발달이 가져오는 양극화를 주요 원인으로 볼 수 있다. 양극화는 문화적 박탈감, 소외감, 외로움을 불러일으키고, 이들 우울한 감정은 사람의 정신을 갉아먹는다. 정신건강상담사, 정신건강사회복지사와 같은 정신건강 관련 일자리가 늘어날 수밖에 없는 구조가 된다.

이미 살펴보았듯이 고령화, 저출산 현상도 나아질 기미

가 아직 안 보인다. 미래에도 더 심각해진다는 것이 보편적인 전망이다. 또한 4차 산업혁명이 일으킨 직업 구조의 변화로 단순노무 관련 종사자들은 갈수록 일자리를 잃어가고 있다. 회계사, 데이터분석가 같은 지식노동 직업도 인공지능에 잠식당해 가고 있다. 그 결과 이들의 재취업과 재활도 외면할 수 없는 사회문제로 대두했다. 이처럼 4차 산업혁명 시대는 다양한 사회문제를 안고 가는 시대다. 복지 수요와 복지 공급 모두 늘어날 가능성이 높다. 당연히 발전한 시대에 뒤처지지 않는 양질의 복지 자원을 개발해야 한다. 이는 사회복지사의 몫이다.

4차 산업혁명 시대 사회복지사의 업무 형태

사회복지사는 복지 대상자의 마음을 어루만지고, 서로 신뢰를 쌓고, 윤리적 판단도 내린다. 이를 위해 직접 만남도 가진다. 모두 인공지능이 하기 어려운 일이다. 현재 인공지능의 대명사로 자리 잡은 ChatGPT(챗GPT)도 이와 비슷한 이유를 들어 인공지능이 사회복지사 업무를 대체하기 어려울 것이라 말했다. 사회복지사 자격증을 취득할 수 있는 기관인 메가미래평생교육원은 교육원 자체에서 ChatGPT와 사회복지사의 미래에 대해 나눈 대화를 블로그에 공개하고 있다.

ChatGPT란 일론 머스크가 세운 인공지능 스타트업 오픈AI에서 개발한 대화형 인공지능이다. 2022년 12월 세상에 공개되면서 세계의 이목을 집중시켰다. 사람이 질문을 던지면 독자적으로 판단해서 문장형의 답을 제시한다. 2024년 5월에는 사람처럼 음성으로 대화하는 수준까지 발전한 ChatGPT-4.0이 탄생했다. ChatGPT는 많은 이들에게 4차 산업혁명 시대의 기술을 체감하게 했다. 지금도 계속 영향력을 키워 가는 중이며, 그 바람에 직업 구조의 변화에 대한 걱정도 불러왔다.

하지만 사회복지사는 아직 걱정 없다. 글머리에 밝힌, ChatGPT가 스스로 인정한 이유가 그 근거다. 다만 업무의 형태는 지금과 다소 달라질 수 있다. 일단 ChatGPT를 업무 보조 수단으로 쓸 수 있다. 사회복지사의 업무는 그 범위와 형태를 규정할 수 없을 만큼 무척 다양하다. 언제, 어떤 일이 닥쳐올지 모른다.

가령 어르신 재취업을 담당한 사회복지사에게 한 어르신이 중식요리사에 대해 불쑥 문의했다고 가정하자. 사회복지사는 만능이 아니므로 중식요리사의 세계와 현실에 대해 모를 수 있다. 그렇다고 "모릅니다" 하고 말할 수는 없다. 중식요리사의 취업 현황, 중식조리자격증 제도 등을 알아보며 도움을 주려고 노력해야 한다. 그것이 사회복지사의 일이다. 이럴 때 사회복지사는 본인이 필요한 정보를 ChatGPT를 통해 보다 수월하게 얻을 수 있다.

사회복지사는 많은 데이터와 씨름하기도 한다. 우선 사회복지사들이 작성하는 사례관리 관련 문서는 중요한 데이터다. '사례관리 데이터'는 새로운 사례관리를 할 때 도움이 된다. 지난 경험을 바탕으로 대처 능력을 키울 수 있기 때문이다. 또한 사회복지사는 사회문제를 인식하고 복지서비스의 필요성을 느낄 때 다양한 데이터를 접하며 기획의 방향을 잡는다. 이와 같이 데이터를 기반으로 하는 업무는 인공지능의 도움을 받으면 더 효율적으로 해낼 수 있다.

사회복지사는 4차 산업혁명 시대에 분명 고용이 보장되는 안전한 직업이다. 그렇다고 해서 4차 산업혁명의 기술과 완전히 동떨어져 일하기는 어려울 것이다. 그 기술이 업무에 변화를 줄 가능성이 제법 높기 때문이다. 따라서 시대의 변화에 관심을 가지며 새로운 기술과 친숙해지려는 자세가 필요하다.

미래에는 더 사회복지사답게

김세진 사회복지사는 공유복지플랫폼 'WISH'에서 활동하는 지식공유활동가이다. WISH(wish.welfare.seoul.kr)는 사회복지 관련 지식, 연구 자료, 사회복지 정책, 복지 자원, 뉴스, 사회복지 현장의 생생한 이야기 등을 누구나 공유할 수 있는 오픈 플랫폼이다. 사회복지사를 준비하는 사람들에게 유익한 정보의 장이다. 김세진 사회복지사와 같은 지식공유활동가들은 WISH에 "사회복지 분야에서 활용할 수 있는 전문 지식과 노하우 등을 칼럼 및 Q&A 형태"로 제공하는 일을 한다.

2023년 5월 서울시복지재단TV의 유튜브 방송 〈ChatGPT 등장 이후 변화하는 사회복지 현장, "미래사회와 사회복지"〉에서는 김세진 사회복지사의 인터뷰를 접할 수 있다. 그는 1980년대의 컴퓨터, 1990년대의 인터넷, 2000년대의 검색엔진, 2010년대의 스마트폰, 그리고 2023년의 ChatGPT를 보기로 들며 변화의 물결을 설명했다. 그리고 사회복지사도 이 변화의 물결을 거부할 수는 없다고 말했다. 그런데 이 변화의 물결에서 살아남는 방법으로 기술적 방법이 아닌 인간적 방법을 제시했다.

"사람을 사람답게 도와야 합니다. 사회사업가(사회복지사)답게 일하고, 사람들이 어울려 살 수 있게 일해야 합니다. 인공지능과 같은 기술은 사람을 잘 돕는 데 쓰여야지, 사람을 관리하고 통제하는 데 쓰이면 안 됩니다."

사람답게, 사회복지사답게 일하는 것은 시대가 변해도 변해서는 안 될 사회복지사의 가치이다. 이 이야기는 최첨

단 기술이 사람을 대신하는 세상이 오더라도 사회복지사는 사회복지사의 기본과 본분을 지키자는 뜻으로도 풀이할 수 있을 것이다. 사회복지사의 기본과 본분을 지킬 때 4차 산업혁명의 기술은 사회복지사가 일하는 데 유용한 기술이 될 수 있다. 복지 대상자가 사회로 복귀하여 사람들과 다시 어울려 살게 하는 데 도움을 주는 기술이 될 수 있다.

사회복지사의 미래를 위해 국가가 할 일

사회복지사 2급 자격증은 시험이 아닌 과목 이수로 취득한다. 그런데 2023년 5월 사회복지사 2급 자격증 제도를 국가시험 제도로 전환한다는 법안이 국회에 발의됐다. 2024년 현재 이 법안은 큰 진전이 없다. 법안이 국회를 통과하더라도 시행하기까지 적어도 3년이 걸리므로 몇 년 동안 자격증 제도에는 변화가 없으리라 예상된다.

해당 법안을 발의한 이유는 사회복지사의 전문성 강화와 사회복지서비스의 질적 수준을 높이기 위함이라고 한다. '자격증 과잉 공급'이 전문성과 복지 수준을 떨어뜨렸다는 주장이다. 그러나 이채식 우송정보대학 사회복지과 교수는 교수신문 2023년 10월 25일 자 기사 〈사회복지사 2급 국가시험 추진 톺아보기〉에서 이 주장을 정면으로 반박했다. 현 자격증 제도하에서 사회복지사의 전문성이 떨어지고 사회복지서비스의 질적 수준이 낮아졌다는 객관적 증거가 없다는 것이다.

가천대학교부설원격평생교육원에 따르면, 2023년 사회복지사 자격증 취득자 수는 140만 명(1, 2급 합산)이다. 2011년에 47만 명, 2019년에 102만 명을 기록했으니 큰 폭으로 늘어난 것이다. 정부가 내놓은 사회복지사의 밝은 전망과 교육기관을 비롯한 자격증 취득기관이 사회복지사 자격증을 미래 유망 자격증으로 몰아간 분위기가 증가의 주요 원인이다.

물론 이 전망과 분위기가 틀린 것은 아니다. 다만 취업 시장에서 사회복지사 자격증 소지자를 일부밖에 소화하지 못 한다는 것이다. 유튜브에서 '사회복지사 2급' 검색어만 넣어도 사회복지사 2급 자격증으로는 틈새 취입이 어렵다는 내용의 동영상을 쉽게 만날 수 있다. 그래서 대다수 예비 사회복지사가 울며 겨자 먹기로 1급 자격증을 취득한다는 내용도 흔하다. 자격증 취득자가 많으니, 취업 시장에서는 자연히 '고스펙' 지원자를 뽑는 것이다.

자격증 취득자가 많아서 진짜로 사회복지사의 전문성이 부족한지, 사회복지 서비스 수준이 낮은지는 명확하게 판단하기 어렵다. 다만 이채식 교수는 자격증 시험 제도 도입보다는 정책 수정이라는 대안을 제시한다. 현장 실천 경험,

밀도 높은 연수 및 교육 등을 늘리고, 사회복지사들의 사회복지 마인드를 강화할 수 있는 정책 개발이 시험보다 더 낫다는 것이다. 물론 사회복지사의 처우 개선은 기본이다.

4차 산업혁명으로 대표되는 미래에는 사회복지사의 고용이 늘어날 것은 틀림없다. 고용의 안정도 보장될 것이다. 하지만 현재 사회복지사 자격증 소유자는 물론 더 늘어날 자격증 취득자를 소화하는 문제는 현실적인 대책이 시급하다. 정부의 몫이 더 크지만 현장의 사회복지사들이 정부와 함께 풀어가야 할 숙제다.

사회복지사와 연관된 직업의 미래

    사회복지와 연관된 직업은 여러 가지가 있다. 사회복지사와 관계가 깊은 직업도, 상대적으로 그렇지 않은 직업도 있다. 하시만 정도의 차이민 있을 뿐 어느 정도는 모두 관계가 있다고 해도 지나친 말은 아니다. 이제 사회복지사와 연관된 몇 가지 직업의 특징과 전망을 소개하고자 한다. 직업명은 한국직업사전의 직업명으로 소개한다.

심리상담전문가

    심리상담 전문가는 우울증과 불안증 같은 정신건강문제, 학습문제, 교육문제, 진로문제, 가족문제, 성격문제 등 여러 가지 문제에 대해 상담을 실시한다. 내담자와의 상담 및 각종 심리 검사를 통해 문제를 진단해 주고 해결하도록 돕는다.

청소년상담기관에 근무하는 상담전문가는 청소년의 발달단계와 진로 · 적성 · 흥미 · 인성 등 심리적 상태를 고려하여 개인상담 및 집단상담 프로그램을 수행한다. 이들은 상담기관, 학교, 복지시설, 기업체, 종교단체 등 다양한 곳에서 일한다. 사회복지사와의 연관성도 깊다. 가령 노인복지기관의 심리상담전문가는 해당 기관 사회복지사의 의뢰를 받아 상담을 실시한다. 학교에서 일하는 심리상담전문가는 학교사회복지사와 함께 학생의 정서적 문제 해결과 생활 지도를 해나간다.

워크넷의 2021년 조사에 따르면, 심리상담전문가의 고용 전망은 밝다. 사회의 발전 속도가 빨라질수록 우울증, 대인기피증, 휴식 부족에서 오는 스트레스, 치열한 경쟁에 따른 피로감 등 여러 정신건강문제가 발생한다. 때문에 이를 어루만져 줄 심리상담전문가의 역할이 중요해진다. 정신건강을 책임질 심리상담전문가가 되려면 대학에서 심리학, 교육학, 아동학 등을 전공하는 것이 유리하다. 또한 상담심리사, 임상심리사, 전문상담교사, 청소년상담사 등의 자격증을 취득해야 한다.

청소년지도사

청소년지도사는 청소년수련시설, 청소년이용시설, 청소년상담시설, 청소년보호시설 등 청소년 관련 단체에서 일한다. 청소년의 학업 능력, 사회적응능력, 특기 향상 등에 필요한 프로그램을 개발하고 직접 지도도 한다. 사회부적응 청소년 및 요보호 청소년을 위한 프로그램도 개발하며, 이들의 보호 활동도 펼친다. 청소년 관련 단체의 운영에 필요한 행정 업무, 청소년에 필요한 정책 제의 등도 청소년지도사가 하는 일이다.

워크넷의 2021년 조사는 청소년지도사의 고용 전망을 밝게 본다. 여성가족부가 발행한 《청소년백서》에 따르면, 청소년 상담에 대한 수요가 꾸준히 증가하고 있다고 한다. 청소년 상담을 지원하는 시설 역시 2010년 83개소에서 2015년 119개소로 5년간 43.4퍼센트나 늘었다. 미래를 향한 변화가 청소년에게도 스트레스를 일으킨다는 방증이다. 아직 미래가 확정되지 않은 청소년에게 빠르게 변화하는 세상은 미래에 대한 불안을 줄 수 있다. 보건복지부의 관리를 받는 사회복지사와 달리, 청소년지도사는 여성가족부의 관리를 받는다.

청소년지도사는 고등학교 졸업자도 3년 이상의 현장 경력이 있으면 자격시험을 통해 3급 자격증을 취득할 수 있다. 8년 이상의 현장 경력자에게는 2급 시험 응시 자격이 주어진다. 전문대학 이상의 학교에서 청소년지도학, 아동 · 청소년복지학, 사회복지학 등을 전공하면 보다 빠르게 자격증 취득이 가능하다. 자세한 사항은 큐넷에서 알아볼 수 있다.

직업상담사

직업상담사는 노동부의 지방노동관서, 고용안전센터, 인력은행 등의 공공기관과 민간 직업소개소 등의 민간 기관 모두에서 일한다. 자격증이 없어도 취업은 가능하지만 사실상 국가기술자격증인 직업상담사 자격증이 없다면 취업이 어렵다.

자격증 등급은 2급과 1급으로 나뉜다. 자격시험에 합격하려면 대학에서 심리학, 교육학, 사회복지학 등을 전공하는 것이 유리하다. 학력에 상관없이 응시 자격이 주어지지만 시험 과목은 독학으로 공부하기에 어려운 편이다.

직업상담사의 대표적인 업무는 구직자와 등록된 구인 업체를 연결해 주는 일이다. 직업상담사를 통해 구직자는 원하는 일터를, 구인 업체는 원하는 일꾼을 구할 수 있다. 구직자를 위한 심리검사, 직업훈련, 고용보험 상담 등도 주요업무다. 또한 실업자, 청소년, 여성, 고령자를 위한 직업 지도 프로그램을 개발하고 운영하기도 한다.

워크넷의 2021년 조사 결과를 보면, 직업상담사의 고용 전망은 어둡지 않다. 고령 인구의 증가로 은퇴 이후에도 취업을 원하는 사람이 늘고 있는 현실, 청년실업자, 경력단절 여성, 외국인력 유입 등이 증가하는 현실이 직업상담사의 수요에 영향을 미치고 있다. 기업이 직무 중심으로 인재를 채용하는 문화도 직업상담사의 미래를 밝게 만든다. 갈수록 맞춤형 인재를 찾기 위해 직업상담사의 도움을 받는 기업이 늘고 있다.

요양보호사

요양보호사는 병원, 전문 요양시설, 각종 사회복지시설 및 가정에서 장기입원치료나 요양이 필요한 환자, 서동이 불편한 환자의 활동을 보살피고 돕는 직업이다. 3장에서 방문요양센터의 형광우 사회복지사, 또 4장에서 민형숙 사회복지사에 관해 이야기할 때 잠깐 살펴보았다. 노인복지와 관련된 일을 하는 사회복지사와 연관도가 매우 높은 직업이라 할 수 있다.

요양보호사가 되는 데 학력 제한은 없다. 요양보호사를 양성하는 교육기관에서 교육과정을 이수하고 국가시험에 합격하면 자격증을 손에 넣을 수 있다. 자세한 내용은 한국보건의료인국가시험원(www.kuksiwon.or.kr)을 참고하자.

미래에도 고령화는 멈출 기세가 없기에 요양보호사의 고용은 안정적이다. 워크넷의 2021년 조사도 그러한 분석을 내렸다. 다만 요양보호사의 사회적 인식이나 처우는 아직 낮은 편이다. 가정 방문을 하는 요양보호사의 경우 심부름하는 사람이나 가사 도우미로 취급을 받기도 한다. 점점 나아지고 있지만, 하루빨리 개선해야 할 사항이다.